大千世界

500個

中國歷史 面面觀

益智館 38

大千世界：500 個中國歷史面面觀

編著　于震

責任編輯　賴美君

封面設計　林鈺恆

美術編輯　王國卿

出版者　培育文化事業有限公司

信箱　yungjiuh@ms45.hinet.net

地址　新北市汐止區大同路 3 段 194 號 9 樓之 1

電話　（02）8647-3663

傳真　（02）8674-3660

劃撥帳號　18669219

CVS 代理　美璟文化有限公司

TEL ／(02)27239968

FAX ／(02)27239668

總經銷：永續圖書有限公司

永續圖書線上購物網
www.foreverbooks.com.tw

法律顧問　方圓法律事務所　涂成樞律師

出版日期　2020 年 02 月

國家圖書館出版品預行編目資料

大千世界：500 個中國歷史面面觀／于震編著.
--初版. --新北市：培育文化, 民 109.02
面；公分. --（益智館系列：38）
ISBN　978-986-98057-9-7 (平裝)

1. 中國史

610　　　　　　　　　　108021782

前言

「歷史睡了，時間醒著；世界睡了，你們醒著。」請翻開它，一起去作歷史的旅行。

沙士比亞說：「歷史就在每一個人的生活中。」回顧中外歷史長河中，那些值得我們去銘記的人與事，你會看到，歷史真的就在我們身邊。」

本書編者出於對東西方歷史的喜愛，經過長時間努力，精心編寫出這部《大千世界：500個中國歷史常識》。本書內容全面，知識密集，能讓你在短時間內瞭解、掌握很多的歷史知識，是快節奏社會裡人們需要的優秀歷史讀物。

青少年關於歷史人物的好奇提問，都可以在書裡找到答案。也許下一次的朋友聚會中，你也可以侃侃而談書中的歷史故事，出出風頭。

當知識的海綿沾染上自滿的惡習時，永遠擠不出智慧的水滴。「前事不忘，後事之師」，這是智者的心得。每一個學識淵博的智者，無不好學懂史。

本書內文以精練簡明的語言將中國歷史熔為一爐。書中內容時間跨度數千年，從中國遠古時期講到民國時

期。兩大部分都是以歷史的發展為經、重大歷史事件為緯，編織出中國歷史的簡明讀本。其中每一則歷史故事都短小精悍且獨立成篇，呈現最精彩最重要的史實。

　　這是一本濃縮了古今中國歷史文化的寶典。它以豐富的知識和史料，娓娓地講述了各類事物的精彩歷史，集知識性、趣味性、科學性於一體，具有超強的參考性與指導性。願本書的出版能為廣大讀者，輕鬆自如地獲取歷史文化知識帶來捷徑，真正做到開卷有益，這才是我們最大的心願！

　　瞭解歷史，它記錄著人類過去的成功與缺失，蘊藏著真知與卓見，也預示人類的未來。

❷ 先秦時期

◆夏朝   *048*

◆商朝   *051*

❸ 秦漢時期

5 隋唐五代十國時期

6 宋遼西夏金元時期

⑦ 明清時期

⑧ 近現代時期

1. 史前時期

盤古氏開天闢地

傳說宇宙最初混沌一團，是巨人盤古大斧一揮，劈開了天和地，然後他手撐天、腳踏地。以每天一丈的速度長高，天地的距離也隨之越來越遠。過了一萬八千年，他才轟然倒下。盤古死後，他的身體化作了日月星辰、風雨雷電和草木山川。

女媧摶土造人

傳說天神女媧用黃土和泥，照著神的樣子捏成人形，造出了最初的人類。後來，女媧甩動沾上泥漿的籐條，泥點掉落在地上也變成了人，大大加快了造人的速度。她還將人分成男女，教他們配成夫妻，繁衍後代。因此，女媧被尊為人類的始祖。

有巢氏搆木為巢

傳說有巢氏是巢居的發明者。遠古時代，有巢氏教人們在大樹枝杈間，搆木為巢，讓人們居住在樹上，躲避猛獸對人類的侵襲。

隨時間推移，他又教會人們用灌木、木槿的樹幹（類似籐條，有彈性）編成籬笆，防衛居室。用堅韌結實的野草編織成厚草蓆簾，覆在屋頂上防風雨。

燧人氏鑽燧取火

傳說燧人氏是遠古時代發明人工取火的人。相傳遠古人類「茹毛飲血」，傷害腸胃，人們多患疾病。燧人氏教人們鑽燧取火，以火烤獵物的骨肉，不僅味美，也易於消化吸收，從此人們不再患腹疾。

燧人氏的傳說，反映了中國原始時代人類從利用和保存自然火種，進步到人工取火的漫長歷史演進過程。

神農氏嚐百草

傳說古時候人們還不會種植糧食，而且得了病沒有藥醫，生活十分艱苦。後來，部落首領神農氏為了解除百姓的疾苦，親自品嚐了許多種花草，一天之內就曾中毒70次，最後終於找出了各種藥用植物和食用植物，人們這才學會了採藥治病和播種五穀。這個傳說反映了遠古時代農業生產的發展情況。

黃帝戰蚩尤

黃帝是遠古時的部落首領，姓姬，號軒轅。東南方部落首領黃帝召集軍隊，與蚩尤在涿鹿進行了大決戰，最後打敗並處死了蚩尤。於是，各部落推選黃帝為首領，黃帝成為華夏民族的始祖。

倉頡造字

傳說倉頡是黃帝手下的史官，為了更清楚地記錄各種事情，他根據六獸在大地上留下的足跡，創造了最早

的文字。相傳倉頡造字時，天上落下了粟米，鬼神在夜裡哭號，這個傳說說明文字的出現在歷史上是一件驚天地、泣鬼神的壯舉。

堯舜禪讓

堯和舜都是傳說中遠古時代的明君。相傳堯在位七十年後想禪讓帝位，就人選問題徵求四岳的意見，四岳一致推舉顓頊的後代舜。堯把自己的兩個女兒嫁給舜，又讓九個兒子和他共處。以便進一步瞭解他。舜能夠使二女恭行婦道，使九男更加敦厚謹敬。堯讓舜做各種事情，舜都能辦好，於是堯推薦舜代自己主持政事。攝政之後，舜做出了許多重大貢獻，得到了百姓的普遍擁戴。堯死三年後，舜就天子之位。這就是堯舜禪讓。這個傳說反映的是史前時期存在著的事實，屬於原始社會民主制度的遺風。

大禹治水

黃河流域經常發生大水災，居民的生命財產受到極大威脅。堯就命令部落首領鯀去治理洪水。鯀受命後，

就築造堤壩想擋住洪水。結果洪水一來，堤壩都被沖垮了，就這樣用了將近九年時間反覆築堤，不僅沒有取得成效，反而洪水越來越大，水災越鬧越凶。舜繼任部落聯盟首領後，以其工作失職殺了鯀，並命鯀的兒子禹去治理洪水。禹吸取了他父親治水失敗的教訓，採取了疏導的辦法代替築堤圍堵的方法，開渠排水，疏通江河，興修水利，灌溉農田。大禹受命治水盡職盡責，心懷百姓疾苦，在治水的十三年裡，三次經過家門都不去探望家人。經過多年的努力，大禹終於治水有成，把洪水引到大海裡去。

雲南元謀人

中國舊石器時代早期人類化石，又稱元謀直立人，簡稱元謀人。1965年5月，發現於雲南元謀縣上那蚌村附近，地處元謀盆地的邊緣地帶。出土的早期人類化石包括兩枚左右上內側門齒，屬於同一位成年人個體。元謀猿人生活的年代距今約有170萬年，元謀發現的猿人化石、打制石器、炭屑和燒骨，以及動物化石等遺存，表明元謀猿人已經能夠使用和製造工具，並通過狩獵勞動獲取生存所需的食物，而且還懂得火的使用。

▍▍陝西藍田人

中國舊石器時期早期人類化石,簡稱藍田人。藍田猿人化石出土地點有兩處,均位於藍田縣境內。陳家窩藍田猿人生活年代距今約65萬至53萬年間。公王嶺藍田猿人生活年代距今約98萬至67萬年間。藍田猿人頭骨有鮮明的原始性質:頭蓋骨極為低平,額骨傾斜明顯而尚無額竇。眉脊骨十分粗壯,於眼眶上方形成一條橫脊。

頭骨骨壁極厚,腦容量估計約為780毫升左右。出土的石製品證明藍田人已經能夠使用多種石質打制工具。與猿人化石一同出土的有40餘種哺乳動物化石,內有大熊貓、劍齒象、毛冠鹿、斑鹿、野豬等。

由此推知,藍田猿人所處的自然環境是秦嶺北坡溫暖較濕潤的森林草原地區,從事採集和狩獵勞動。在公王嶺出土的猿人化石層中,還發現三四處灰燼和灰屑,散佈範圍不大,可能是藍田猿人用火的遺跡。

▍▍山頂洞人

猿人與大自然經過幾十萬年的艱苦鬥爭,不斷進化。考古發現,在北京周口店龍骨山的山頂洞穴裡活動

的「山頂洞人」，已經和現代人沒有區別。山頂洞人不但能夠把石頭打製成石斧、石錘，而且還把野獸的骨頭磨製成骨針，人們用骨針把獸皮縫成衣服保暖御寒。

山頂洞人過著按照血統關係固定下來的群居生活，其中每個成員都來自一位共同的祖先，彼此之間都有血緣關係。這樣就形成了最早的社會結構——原始人群，這種原始人群又逐漸演變為氏族公社。

山西丁村人

山西丁村人是中國舊石器時期中期人類化石。1954年在山西襄汾丁村附近，發掘到同屬一個少年的門齒二枚，臼齒一枚。齒結構具有原始特徵，而齒冠和齒根較北京猿人細小，與現代黃種人已較接近。同時出土有大量石器和伴生動物化石。

科學家把丁村人和廣東發現的馬壩人、湖北發現的長陽人都稱作早期智人，生活的年代距今約10萬年左右。

氏族社會

　　氏族公社即以血緣為紐帶結成的社會基層單位，亦是社會經濟的基本單位。產生於舊石器時代晚期，基本貫穿於新石器時代始終。氏族社會初期，以母系血緣為紐帶，即母權制，稱母系氏族社會。大約在新石器時代末期，逐漸過渡到以父系血緣為紐帶，即父權制，稱父系氏族社會。

　　氏族內部生產資料公有，實行集體生產，勞動果實平均分配；公共事務由選舉產生的氏族首領管理，遇有氏族內外的重大問題，則由氏族成員會議決定；氏族社會時期實行族外婚制，內部禁止通婚。隨著金屬工具的使用，社會生產力得到較快的發展，勞動效率提高，又出現剩餘的勞動產品，私有制隨之產生。導致氏族內部貧富分化，進而演變為對立，階級逐漸形成，氏族亦隨之解體。

母系氏族

　　原始社會，人們以血緣關係結成了親族集團—氏族。最先是母系氏族，這一時期，女性在氏族公社中居

於主導地位，一個母系氏族公社有一個共同的女祖先。由於全體成員只能確認各自的生母，所以成年的婦女一代一代地成為確定本氏族班輩世系的主體。成年的男子則分散到其他氏族尋求配偶，實行群婚。每個氏族公社內部，都存在著按性別和年齡的不穩定分工。壯年男子擔任打獵、捕魚和保護集體安全等需要較大體力的事務，而採集食物、看守住地、燒烤食物、縫製衣物、養老育幼等繁重任務，則落在婦女的肩上。她們是氏族公社原始共產制經濟的主持者，又對確定氏族的血親關係起著主導作用。母系氏族公社經歷了漫長的發展過程，在全盛時期普遍形成了人口較多、規模較大的長期定居的村落。

父系氏族

母系氏族公社經歷了全盛時期，社會生產力的發展日漸加速，男子在農業、畜牧業和手工業等主要的生產部門中逐漸佔據主導的地位，於是母權制自然過渡為父權制。父系氏族公社逐漸形成了。從此，以父權為中心的個體家庭成為與氏族對抗的力量，原始社會逐漸趨於解體。男子依靠經濟上的優勢，在社會生產和生活中佔

據了統治地位。他們必然要求按照男系計算世系、繼承財產，母權制的婚姻秩序被打破了，原來對偶婚制下的從妻而居的傳統，為一夫一妻制所取代。在一夫一妻制下，婦女的勞動侷限在家庭之內，以家務勞動和家庭副業為主，女子在家庭經濟中退居於從屬地位。最初，這種小家庭依附於父系大家庭。生產進一步發展後，小家庭便有了更多的獨立性和自主性，氏族社會走到了瓦解的邊緣。

部落、部落聯盟

部落由兩個或多個血緣相近的氏族組成。每個部落有自己的活動範圍、語言、習俗，也有管理內部事務的機構，到了原始社會末期。生產不斷發展，氏族之間不斷展開戰爭，一些部落就聯合起來，結成了部落聯盟。

圖騰崇拜

圖騰崇拜曾在中國古代和世界各地普遍存在著，在近代某些部落和民族中仍可找到它的蹤影。圖騰信仰認為人與某種動植物或非生物有一種特殊的關係，每個氏

族都起源於某種圖騰，這種圖騰是該氏族的源頭、保護神，也是這個氏族的徽號和象徵，並且以各種形式表露出來。

半坡遺址

半坡遺址是中國新石器時代仰韶文化聚落遺址，它位於陝西西安市東郊滬河東岸半坡村。半坡聚落所處年代距今約為6700年～6100年，處於母系氏族社會的繁榮期。整個遺址平面呈南北稍長、東西稍窄的不規則圓形，分為居住區、氏族墓地、公共窯場三部分。

根據居住區的佈局和墓地的葬式分析，半坡聚落是一個由母系血緣為紐帶而組成的氏族整體。在聚落內部，氏族成員之間的地位是平等的，共同擁有氏族的財產。半坡人生產的陶器主要用於定居後的日常生活，陶質、造型、裝飾和焙燒技術，均達到相當成熟的水平。半坡聚落遺址為瞭解母系氏族社會生活提供了珍貴的實物資料，它也是仰韶文化的一個類型。

仰韶文化

　　仰韶文化遺址於1921年在河南省澠池縣仰韶村首次發現，距今約7000年～5000年，屬於新石器文化，主要分佈於黃河中下游一帶，現已發現上百處遺址。仰韶文化的面貌是：經營農業，飼養家畜，燒製陶器，有定居的村落和集中的墓地。出土的紅陶器上繪有幾何形或動物形花紋，是仰韶文化最明顯的特徵。

大汶口文化

　　大汶口文化遺址最早發現於山東泰安市大汶口村。年代約為西元前4300年至西元前2500年，是中國新石器時代晚期的文化典型。大汶口文化的遺存十分豐富。經考古發現有墓葬、房址、窖坑等，墓葬以仰臥伸直葬為主，有普遍隨葬獐牙的風習，有的還隨葬豬頭、豬骨以象徵財富。出土生活用具主要有鼎、豆、壺、罐、缽、盤、杯等器皿，分為彩陶、紅陶、白陶、灰陶、黑陶幾種，特別是彩陶器皿，花紋精細勻稱，幾何形圖案規整。生產工具有磨製精緻的石斧、石錛、石鑿和磨製骨器，骨針磨製十分精細，體現了極高的製作技術。大汶

口文化的發現為山東地區的龍山文化找到了淵源，也是研究父系氏族時期社會狀況的重要文化遺存。

河姆渡文化

河姆渡文化發現於浙江餘姚的河姆渡鎮，它是長江下游以南的一種較早的新石器時代母系氏族文化。河姆渡文化的社會經濟是以稻作農業為主，兼營畜牧、採集和漁獵。在河姆渡文化遺址中發現了大量的稻穀、穀殼等遺存，其時間約在7000年以前，還有其他大量動植物的遺存，這證明當時的社會經濟已經比較活躍。這一時期人們的居住地已經形成大小各異的村落。在村落遺址中有許多房屋建築基址，其建築形式和結構與中原地區和長江中游地區發現的史前房屋有著明顯的不同。其生活用器以陶器為主，陶盆上印有稻穗的圖案，此外還有少量的木器。

良渚文化

良渚文化發現於浙江餘杭良渚鎮，是一支中國長江下游地區的新石器文化，距今約5300年~4000年，主要

分佈在環太湖地區。良渚文化在農業、紡織、製玉和製陶等方面都取得了很高的成就。

這一時期的農業已經相當發達，並且開闢了養蠶和生產絲織品的新領域。良渚文化的陶器以黑陶為主，三足器十分普遍。墓葬中時常可以見到玉製品隨葬，顯示出貧富分化的跡象。

紅山文化

紅山文化遺址主要分佈在內蒙古東南部、遼寧西部和河北北部，年代約為西元前4000~西元前3000年。紅山文化的居民主要從事農業，還飼養豬、牛、羊等家畜。紅山文化的陶器最大特色是外壁刻有一些「之」字形紋和直線紋。此外，玉雕工藝水平也相當高。

龍山文化

龍山文化被發現於山東章丘龍山鎮的城子崖，它分佈於黃河中下游山東、河南一帶，屬新石器時代晚期的一種文化，故學術界把以後在此附近發掘得到的同類型遺存統稱為龍山文化。龍山文化的石器已很精緻，出現

了石鐮、蚌鐮，陶器開始用輪制，畜牧業相當發達。龍山文化經測定其年代約為西元前2800年至西元前2300年，屬父系氏族公社制時期。

黃帝

傳說黃帝為中華民族共同的祖先，又稱軒轅氏、帝軒氏、有熊氏、歸藏氏、帝鴻氏等。相傳他是有熊國的君主，本姓公孫，曾居於姬水，所以以姬為姓。後來居於軒轅之丘。因以為名，稱軒轅。生活在大約四千多年以前，相傳與蚩尤戰於涿鹿之野，擒殺了蚩尤；與炎帝戰於阪泉（今河北涿鹿東南）之野，打敗了炎帝。被諸侯尊為天子，即原始社會末期部落聯盟的首領。相傳蠶桑、舟車、文字、音律、算數等都是在黃帝時代創造的。

炎帝

炎帝又稱赤帝，傳說也是中華民族的共同祖先之一。生活在大約四千多年前，居於姜水（即岐水，在今陝西岐山西）。以姜為姓，以火名官，故稱炎帝，一說即神農氏。曾與黃帝部落聯合，在涿鹿大戰蚩尤的九黎

族部落。後來，炎帝又與黃帝戰於阪泉（今河北涿鹿東南），被打敗。炎帝部落與黃帝部落本是近親，後來又融合到一起，所以，他們被認為是中華民族的共同祖先。

蚩尤

傳說是中國上古九黎族部落聯盟首領，又相傳為炎帝後裔。姜姓，為諸侯中最凶暴者，他的部落最早用銅製造兵器。與黃帝戰於涿鹿，兵敗被殺，

堯

相傳為父系氏族公社後期部落聯盟首領。上古帝王。帝嚳之子，原封於唐，又稱唐堯。繼摯登帝位，以平陽（今山西臨汾西南）為都。設官分職，制定曆法。曾命鯀治理洪水。晚年禪位於舜，創禪讓之制。

舜

相傳為父系氏族公社後期虞部落聯盟首領。古代帝王。姚姓，名重華，號有虞氏，又稱虞舜。生於媯油

（今山西永濟），以孝聞名。他於堯的晚年，代堯攝政，除鯀、共工、驩兜和三苗「四凶」。他於堯死後登位，以蒲阪（今山西永濟西）為都。他在年老薦舉治理洪水有功的禹為嗣。後南巡，死於蒼梧之野（今湖南寧遠南），葬於九疑（寧遠東南）。

禹

禹是傳說中的古代聖王，又稱夏禹、大禹、戎禹、帝禹等。姓姒，名文命。因是夏後氏部落的首領，按照以國為氏的習慣，一般稱作夏禹。在傳說中，禹的家境非常顯赫，是「黃帝之玄孫而帝顓頊之孫也」。禹的父親是鯀，母親為女志。鯀在堯時治水無功，到了舜時，禹被任命為司空，治理水土，接替鯀沒有完成的事業。

三皇五帝

不同史家對「三皇五帝」都有不同的定義。《史記·秦始皇本紀》說，天皇、地皇、泰皇為三皇，《尚書大傳》主張三皇應為燧人、伏羲、神農，《帝王世紀》以伏羲、神農、黃帝為三皇，《通鑑外紀》以伏羲、神

農、共工為三皇。

　《史記‧五帝本紀》列黃帝、顓頊、帝嚳、唐堯、虞舜為五帝；而《禮記‧月令》以太皞（伏羲）、炎帝（神農）、黃帝、少皞、顓頊為五帝；《尚書序》視少昊（皞）、顓頊、高辛（帝嚳）、唐堯、虞舜為五帝。

▌▌最早的樂器：骨笛

　骨笛又稱鷹笛或鷹骨笛，藏族、塔吉克族、柯爾克孜族邊稜氣鳴樂器，藏語稱當惹。用鷲鷹翅骨製成，流行於西藏、青海、雲南、四川、甘肅省等的藏族牧區。常用於獨奏。是藏族青年喜愛的自娛性吹奏樂器，多在夏季放牧或田間勞動休息時吹奏自娛。經常吹奏的樂曲有《春播》、《上山》和《下山》等。

▌▌群婚

　群婚是人類最初的婚姻形式。存在於原始時代血緣家族公社時期至母系氏族社會前期。相當於考古學上的整個舊石器時代。群婚家庭是血緣家庭與對偶家庭的過渡家庭形式。

其前期為血緣群婚，即由血緣集團內部同一輩分的男女成員互相婚配。後期則發展到兩分組織間的族外群婚，即一個集團的一群男子與另一集團的一群女子集體互相通婚，而集團內部的男女則禁止婚配。

掠奪婚

掠奪婚是指男子以暴力劫奪女子為妻的婚姻。掠奪婚是以強行「掠奪」的方式達到成婚目的的一種婚姻儀式。它是母權制過渡到父權制的歷史階段中產生的。中國雲南的景頗族，傈傈族和傣族還留有掠奪婚的習俗。

一般奪婚之前，男女已經有了愛情關係，相互約定時間和地點，男子搶奪時，女子裝出呼救姿態，通知家人和鄰里營救，這時男子或設法逃走，或把女子搶走，再派媒人正式向女家求婚，付出一定彩禮。

走訪婚

是一種以女系為主招夫同居的臨時性婚姻。又稱「阿注婚」或「阿夏婚」。「阿注」或「阿夏」的意思是指同居的異性朋友。這是一種非常古老的婚俗，是母

系氏族過渡到父系氏族時期產生的不穩定的對偶婚形式。其婚姻方式是以女系為主招婚，但男子並不過門，只是晚上到女家偶居，白天男女各在自己的母家生活勞動。常常一個人同時可以結交幾個阿注，甚至以多為榮。

2. 先秦時期

◆ 夏朝

‖ 夏啟繼位 ‖

　　傳說堯舜禹時期，首領繼承人的選擇採用舉薦方式，讓賢能之人來接班，史稱禪讓，所以有堯舉舜、舜舉禹的故事。禹繼位後，先舉薦皋陶為繼承人，但皋陶早卒。禹又舉薦益為繼承人。禹死後，禹之子啟攻益而取得天下，建立夏朝。由此開始確立了以父死子繼的世襲制為核心的家天下王朝體制。禪讓制反映了氏族社會中採用舉薦賢能之人作首領的傳統。

　　這一傳統的破壞，代之以父死子繼的王位世襲制是一種全新的制度。因此，有些學者把夏代的建國算在啟的頭上，稱為夏啟建國。也有學者則因啟是禹之子，認為傳子世襲制的出現是從禹開始的，把夏王朝的建立和十四世十七王的世系都從禹開始計算。

啟

　　夏代國王啟，姓姒名啟，大禹的兒子，大禹死後，啟即位為天子，夏啟即位後，在大宴鈞台大宴各地首領。有扈氏對啟破壞禪讓制度的做法十分不滿，拒不出席。夏啟發兵對有扈氏進行征伐，大戰於甘，有扈氏戰敗被滅。這次勝利，使新生的政權得到初步鞏固。建立了中國第一個奴隸制的國家。

少康中興

　　少康為夏王朝第六世國王。在寒浞代后羿、政局混亂之時，夏的貴族靡逃到與夏同姓的有鬲氏。靡收撫了斟灌氏、斟氏的逃散人眾，整頓隊伍，積蓄力量。在靡的密切配合下，少康終於攻滅了寒浞，殺澆於過，殺於戈，重建了夏朝。這一事件，歷史上稱為「少康中興」。

夏桀亡夏

　　夏桀是夏朝最後一個君主。他荒淫殘暴，不理國事，並且搜刮民脂民膏，盡情享樂，弄得天下百姓苦不

堪言、怨聲載道。大臣關龍逢曾多次勸諫夏桀,最後卻被夏桀所殺,最後夏桀因暴政而亡國。

中國最早的歷書:《夏小正》

《夏小正》是中國古代流傳下來的一部古老的文獻典籍,是中國現存最早的星象物候歷。內容涵蓋天文、曆法、星象、物候、農事、政事等諸多方面,是研究先秦時期社會發展及農業生產狀況和天文曆法及物候狀況的重要史料,對研究中國古代天文曆法、物候學、教育學史以及訓詁學都有價值。

杜康與杜康酒

杜康又名少康,夏朝人,是中國歷史上第一個奴隸制國家夏朝的第五位國王,據《史記‧夏本紀》及其他歷史文獻記載,在夏朝第四位國王帝相在位的時候,發生了一次政變,帝相被殺,那時帝相的妻子後緡氏已懷有身孕,逃到娘家「虞」這個地方,生下了兒子,因希望他能像爺爺仲康一樣有所作為,所以,取名杜康。少年的杜康以放牧為生,帶的飯食掛在樹上,常常忘了

吃。一段時間後，杜康發現掛在樹上的剩飯變了味，產
生的汁水竟甘美異常，這引起了他的興趣，就反覆地研
究思索，終於發現了自然發酵的原理，遂有意識地進行
效仿，並不斷改進，終於形成了一套完整的釀酒工藝，
從而奠定了杜康中國釀酒業開山鼻祖的地位，其所造之
酒也被命名為「杜康酒」。

◆ 商朝

商湯革命

　　商朝發展到商湯時已十分壯大。夏朝因夏桀的統治
國勢漸衰，矛盾異常尖銳，湯乘機起兵，首先攻滅葛
（今河南寧陵北）及十多小國和部落。

　　接著又克韋（今河南滑縣東南）、顧（今河南范縣
東南）、昆吾（今河南許昌東部）等小國。經過11次戰
爭，無敵於天下，使得夏王朝空前的孤立，又利用有氏
的反叛，起兵打敗夏桀王於鳴條之野，一舉滅夏。由於
商湯以武力滅夏，打破國王永定的說法，從此中國歷代
王朝皆如此更迭，因而史稱「商湯革命」。

盤庚遷殷

湯建立商朝，都於亳。因王族內部發生內亂；再加上黃河下游常常鬧水災，商朝多次遷都。西元前14世紀，商朝第20代王盤庚決心再一次遷都。

盤庚帶著平民和奴隸，渡過黃河，搬遷到殷（今河南安陽小屯村）。在那裡整頓商朝的政治，使衰落的商朝出現了復興的局面，以後二百多年，一直沒有遷都。所以商朝又稱作殷商，或者殷朝。

伊尹輔政

伊尹是商湯的宰相，為商湯滅夏建立商王朝立下了汗馬功勞。商湯死後，伊尹繼續為相，先後輔佐了外丙、仲壬、太甲。

據說太甲在統治時暴虐無道，禍害百姓，老臣伊尹為了教化他讓其悔過自新，曾將太甲軟禁於桐宮三年，最後又把他扶上王位。後人非常尊崇伊尹，稱他為中國第一賢相。

武丁中興

武丁是商代第 23 位國王，在位 59 年。相傳他即位時「三年不語」，每天上朝，只聽朝臣們唸唸叨叨，就是不說話，大臣們一個個都很害怕。其實，他意在擺脫佞臣的左右，尋找適當的機會，不拘一格地使用人才，恢復大商帝國的繁榮。後來，他設一妙計：一天上朝時他突然睡著了，還發出輕微的鼾聲，大臣們誰也不敢叫醒他。一會兒，他伸個懶腰揉揉眼睛說：先王成湯給他托了一個夢，說上帝將派遣重臣輔佐國政。他讓畫師按照他描述的樣子畫出像來，到各地去尋找。終於，得到了他在民間結識的奴隸出身的宰相傅說。此後，商王朝達到鼎盛時期，史稱「武丁中興」。

殷墟

殷墟是中國商代晚期的都城遺址，在今河南安陽小屯村及其周圍。現存有宮殿宗廟區、王陵區和眾多族邑聚落遺址、家族墓地群、甲骨窖穴、鑄銅遺址、制玉作坊、制骨作坊等眾多遺跡，是中國歷史上第一個有文獻可考、並為甲骨文和考古發掘所證實的古代都城遺址，

距今已有3300年的歷史。商代從盤庚到帝辛（紂），在此建都達二百七十三年，是中國歷史上可以肯定確切位置的最早的都城。1899年在此發現占卜用的甲骨刻辭。從1928年10月13日考古發掘至今，先後發現宮殿、作坊、陵墓等遺跡，及大量生產工具、生活用具、禮樂器和甲骨等遺物。

甲骨文

甲骨文主要指殷墟甲骨文，又稱為「殷墟文字」、「王八擔」、「殷契」，是殷商時代刻在龜甲獸骨上的文字。19世紀末年在殷代都城遺址被今河南安陽小屯發現，繼承了陶文的造字方法。是中國商代後期王室用於占卜記事而刻在龜甲和獸骨上的文字。它是中國已發現的古代文字中體系較為完整的文字。

商代的占卜

商代人已經有了初步的宗教觀念，他們崇拜上帝、崇拜山川風雲等自然物，他們還特別迷信，認為到處都有鬼魂的存在。所以在日常生活和管理國家事務時，無

論大事小事都必須占卜定吉凶。占卜時先燒灼甲骨，再看甲骨上的裂紋，並根據裂紋的走向和排列結構來判斷事物的吉凶與成敗，並且還要把吉凶情況刻在甲骨上，以備日後查看是否應驗。

宗教制度的形成

宗教制是維繫宗教統治的一種制度，規定一個父親所生的兒子中，確立嫡長子為繼承人，有權繼承財產，並且歷代相傳，叫做直系，是族裡的大宗；其他各子都是旁系小宗，每宗按照此法又分為大宗和小宗，就這樣世代延續，構成一個多級的宗族組織系統，宗法制在商朝只是開端，到西周才發展完成。

司母戊鼎

司母戊鼎是中國商代後期王室祭祀用的青銅方鼎，1939年在河南省安陽市武官村出土，因其腹部著有「司母戊」三字而得名。司母戊鼎器型高大厚重，形制雄偉，氣勢宏大，紋勢華麗，工藝高超，又稱司母戊大方鼎，高133厘米、口長110厘米、口寬78厘米、重875千

克,鼎腹長方形,上豎兩隻直耳,下有四根圓柱形鼎足,是目前世界上發現的最大的青銅器。該鼎是商王武丁的兒子為祭祀母親而鑄造的。

◆ 西周

武王伐紂

西元前11世紀中期,周武王繼位,因商王紂暴虐,遂聯合諸部落伐紂。雙方在牧野(今河南淇縣南)大戰,因商王軍隊中的奴隸和戰俘陣前倒戈,引導周軍攻入商都。紂王兵敗,逃回朝歌,自焚身亡,商朝滅亡。武王建立了周朝。

牧野之戰

周武王姬發繼位後,拜精通兵法的太公望為師,以其兄弟周公旦和召公奭為太公望的助手,勵精圖治,加強軍備,為討伐商紂王做好準備。商紂王此時的暴政已經達到了極點。周武王得知紂王已經到了眾叛親離的地步,率領5萬精兵,於西元前1046年與八百諸侯在盟津

會師，舉行誓師大會，共討紂王。周武王討紂大軍所向披靡，很快就打到了距離朝歌只有70里的牧野（今河南淇縣南）。

牧野之戰中，臨時拼湊的商軍士兵紛紛倒戈，周武王終於滅亡了商朝，建立了周朝。

周昭王南征

周昭王是周康王之子。昭王欲繼承成康事業，繼續擴大周的疆域，從昭王十六年開始，親率大軍南征荊楚，經由唐（今湖北隨州西北）、厲（今湖北隨州北）、曾（今湖北隨州）、夔（今湖北秭歸東），直至江漢地區，大獲財寶，鑄器銘功。

昭王十九年，他親自統帥六師軍隊南攻楚國，全軍覆沒，昭王死於漢水之濱。南征的失敗，不僅是周王朝由盛到衰的轉折點，也是楚國強大到足以與周王朝抗衡的一個標誌，後來楚國成為春秋五霸之一，雄踞南方，問鼎周疆。

國人暴動

周厲王任用榮夷公為卿士，實行專利政策，又命令衛巫監謗，禁止國人談論國事，違者殺戮。當時國人有參與議論國事的權利，甚至對國君廢立、貴族爭端仲裁等有相當權利，同時有服役和納軍賦的義務。國人在高壓政策下，「道路以目」。

召公虎規諫厲王，但監謗更甚，國人忍無可忍，於西元前842，舉行暴動，史稱「國人暴動」。

共和行政

周厲王專制，利令智昏，派衛巫監謗，禁止國人談論國事，違者殺戮。國人忍無可忍，起而暴動，厲王出奔。宗周無主，朝政由周定公、召穆公共同執掌，一說由共國國君共伯和執政。史稱「周召共和」或「共和行政」。

宣王中興

周宣王即位後，任用召穆公、周定公、尹吉甫等大臣，整頓朝政，使已衰落的周朝一時復興。

宣王的主要功業，是討伐侵擾周朝的戎、狄和淮夷。宣王四年（前824年），秦仲為大夫，攻西戎，被殺。宣王又命其子秦莊公兄弟五人伐戎，得勝。五年，宣王還曾與尹吉甫一起伐獫狁（即西戎）於鼓衙（今陝西澄城西北）。尹吉甫在征獫狁戰爭中起了重要作用，率師直攻至太原（今甘肅鎮原一帶），迫使獫狁向西北退走。

周宣王不籍千畝

宣王三十九年，周軍伐姜氏之戎，周軍大敗，「宣王中興」黯然結束。

為了換回國勢衰落的局面，宣王嘗試著進行改革。一是「不籍千畝」，二是「料民」。「不籍千畝」和「料民」所指的是同一件事，那就是取消「籍田制」，清查人口數量，以人口數量徵收稅負。

一井九百畝，八戶農戶各得百畝私田，所得均為私有；中間一百畝為公田，八家共作，所得上交；先作公田，公事完畢再作私活。這是一種借民力耕種的生產方式，也是一種落後的生產方式。

周幽王烽火戲諸侯

周幽王是一個荒淫昏庸的皇帝，專寵美女褒姒，並廢掉王后申后及太子宜臼，立褒姒為后，立褒姒之子伯服為太子。為了褒姒一笑，周幽王點燃了烽火台，諸侯來了才發現沒有敵人。諸侯們知道上了大王的當，十分憤怒，各自帶兵回去了。後來，西戎真的打到京城來了。周幽王趕緊把烽火點了起來，卻沒有一個救兵來。周幽王被西戎殺了，褒姒被擄走。西周滅亡。

井田制

井田制是中國古代社會的土地國有制度，西周時盛行。那時，道路和渠道縱橫交錯，把土地分隔成方塊，形狀像「井」字，因此稱作「井田」。

井田屬周王所有，分配給庶民使用。領主不得買賣和轉讓井田，還要交一定的貢賦。領主強迫庶民集體耕種井田，周邊為私田，中間為公田。井田制是商周時期占主導地位的一種土地制度，它還保留有原始社會公有制下農村公社對土地管理的某些形式或曰外殼，但其性質已是一種奴隸制下的土地剝削制度。

分封制

「分封制」在周朝時期是周王室把疆域土地劃分為諸侯的社會制度。在「分封制」下，國家土地不完全是周王室的，而是分別由獲得封地的諸侯所有，他們擁有分封土地的所有資源和收益，只需向周王室繳納一定的進貢即可盡義務。諸侯的土地理論上在其死後可由周王室收回重新分配，但一般是世襲。

隨著井田制的瓦解和爭霸戰爭的發展，周朝王室衰微，「分封制」開始破壞。

《周禮》

《周禮》是儒家經典，西周時期的著名政治家、思想家、文學家、軍事家周公旦所著，今從其思想內容分析，則說明儒家思想發展到戰國後期，融合道、法、陰陽等家思想，與春秋孔子時的思想發生極大變化。

《周禮》所涉及之內容極為豐富。大至天下九州，天文歷象；小至溝洫道路，草木蟲魚。凡邦國建制，政法文教，禮樂兵刑，賦稅度支，膳食衣飾，寢廟車馬，農商醫卜，工藝製作，各種名物、典章、制度，無所不包。堪稱為上古文化史之寶庫。

《周易》

　　《周易》又稱《易經》，在中國在世界的影響都極為深遠，但卻是秦漢後直至今日無人真正通曉的上古典籍。《周易》是一部古老而又燦爛的文化瑰寶，古人用它來預測未來、決策國家大事、反映當前現象，上測天，下測地，中測人事。然而這只是古人在未掌握科學方法之前所依托的一種手段，並不是真正的科學。

　　雖然有些理解與科學相符，那是因為這個理解正好有科學合理性，但還是不能說它是科學的，只能當它是一種文化。

太師、太保

　　西周初期的中央政權是以太保和太師為首腦的，他們掌握軍政大權，並成為年少國君的監護者。

　　「太保」這種官職起源於「保」，這種政治上的長老監護制，是從貴族家庭內部幼兒保育和監護的禮制發展起來的，原為教養監護的官，後來發展為國君的輔佐大臣。「師」原為高級軍官，也稱「師氏」，既指揮作戰，又為軍事訓練。在宮廷內，師氏是守衛宮門和保衛

君王的警衛隊長，同時又是教導子弟的教官。後來發展成監護之官。太保和太師有對太子和年少國君教養監護的責任，並輔佐國君掌握政權，西周初期，這一政治上的長老監護制度曾認真執行。

◆ 春秋

周平王東遷

周幽王在位時，西周國勢衰落，社會矛盾尖銳，潛伏著政治和經濟諸多危機。但他不思進取，寵愛褒姒，為博其一笑，烽火戲諸侯。西元前771年，申侯與犬戎聯絡，進攻幽王。諸侯都不來救。

幽王急忙逃到驪山，被驪山之戎所殺。西周滅亡。諸侯擁立太子宜臼為周天子，是為平王。這時關中已充滿了戎人，宮室文物都被毀壞，土地荒蕪。平王不得不東遷洛邑，繼續建國，是為東周。平王東遷，居於王城。從此歷史上稱豐鎬時期的周為西周，東遷以後為東周。

春秋五霸

春秋時期，周天子失去了往日的權威，天子反而依附於強大的諸侯。一些強大的諸侯國為了爭奪霸權，互相征戰，爭做霸主，先後稱霸的五個諸侯叫做「春秋五霸」。

春秋五霸一種說法是指齊桓公、宋襄公、晉文公、秦穆公和楚莊王。另一種說法是齊桓公，晉文公，楚莊王，吳王闔閭，越王勾踐。

長勺之戰

長勺之戰發生於周莊王十三年，齊桓公二年，魯莊公十年（西元前684年）。齊魯兩個諸侯國交戰於長勺，最後以齊國的失敗、魯國的勝利而告終。

西元前684年，齊桓公派兵攻魯。當時齊強魯弱。兩軍在長勺（今山東萊蕪東北）相遇。魯軍按兵不動，齊軍三次擊鼓發動進攻，均未奏效，士氣低落。魯軍一鼓作氣，大敗齊軍。

齊桓公稱霸

　　齊桓公任用管仲進行改革，一時間齊國大治。改革之後，齊國國力大為增強，齊桓公開始走上稱霸的道路。他先是與鄰國修好，歸還給魯國以前侵佔的棠、潛兩邑，讓魯國作為南邊的屏障；歸還衛國以前侵佔的台、原、姑、漆裡四邑，讓衛國成為西邊的屏障；歸還燕國以前侵佔的柴夫、吠狗兩邑，讓燕國成為北部的屏障。

　　桓公五年春（西元前681年），在甄召集宋、陳、蔡、邾四國諸侯會盟，齊桓公是歷史上第一個充當盟主的諸侯。後宋國違背盟約，齊桓公以周天子的名義，率幾國諸侯伐宋，迫使宋國求和。另外，齊桓公還滅了郯、遂等小國。

　　桓公十四年（西元前672年），陳歷公兒子完，即田完，逃到齊國，桓公想任命他為卿，他不接受，桓公就任命他為工正。

管仲拜相

　　春秋時期，齊國襄公是個淫亂的國君。他被人謀殺後，國內大亂。齊大夫鮑叔牙隨公子小白出奔莒國。鮑

叔牙的好友管仲隨公子糾出奔魯國。公子糾和小白得知國內無君時，都回來爭奪君位。

在回國途中，管仲怕小白先回到齊國，用箭射殺他。但箭射在帶鉤上，小白搶先回到臨淄，即了君位，就是齊桓公。齊桓公擊退了魯軍的進攻，逼魯莊公殺死公子糾，囚送管仲回國。

桓公重用管仲，拜其為相，齊國經管仲的改革，日漸富強。桓公成為春秋時代的第一個霸主。

齊桓公伐楚

正當楚國氣勢逼人，北進稱雄之際，作為中原各國盟主的齊國難以容忍，為了對付楚國咄咄逼人的攻勢，西元前656年春，齊桓公率領齊及宋、衛、陳、魯、鄭、許、曹諸國聯軍南下伐楚，直抵楚國邊境。楚王派使者與其桓公交涉，管仲以楚國不向周天子進貢、周昭王南巡之死兩大罪狀為由。

楚使只承認不納貢之罪，齊桓公面對不屈服的楚使，便答應在召陵與其簽訂盟約修好。由此可看出齊、楚當時力量相當。

管仲征楚

　　春秋時期，齊桓公任用管仲為卿，來治國安邦。管仲精明能幹，一上台便任用賢良，懲治腐敗，大力發展生產。很快，齊國就國富民強，國運昌盛了。齊國一天天強大，征服了許多割據一方的諸侯國，最後只剩下一個實力較強的楚國。它從不順從齊國的號令，專跟齊國抗衡。齊桓公為了征服楚國，統一華夏，加之在大臣們的紛紛請戰下，決定率兵攻打楚國。可是，管仲卻堅決反對，他說：「齊楚兩國兵力相當，如果對楚發動進攻，必定是兩敗俱傷，而咱們齊國剛剛恢復元氣，千萬不能輕舉妄動，否則將會人財兩空。」

城濮之戰

　　西元前632年，為爭奪中原霸權，晉軍謀略制勝，在城濮（今山東鄄城西南）大敗楚軍，開「兵者詭道也」先河的一次作戰。4月，晉、楚兩軍為爭奪中原地區霸權，在城濮交戰。楚軍居於優勢，晉軍處於劣勢。晉國下軍副將胥臣奉命迎戰楚國聯軍的右軍，即陳、蔡兩國的軍隊。陳、蔡軍隊的戰馬多，來勢兇猛。胥臣為

了戰勝敵人，造成自己強大的假象，以樹上開花之計，用虎皮蒙馬嚇唬敵人。進攻時，晉軍下軍一匹匹蒙著虎皮的戰馬衝向敵陣，陳、蔡軍隊的戰馬和士卒以為是真老虎衝過來了，嚇得紛紛後退。胥臣乘勝追擊，打敗了陳、蔡軍隊。

秦穆公稱霸西戎

齊桓公和晉文公相繼稱霸中原之際，西部的秦國也逐漸發展起來。晉文公死後，秦穆公謀求向東方發展，被晉所阻。崤一戰，秦全軍覆沒，轉而向西，吞併了一些戎狄部族，稱霸西戎。

問鼎中原

西元前606年，楚莊王率軍討伐陸渾之戎，到達洛水，在周朝境內陳兵示威，周定王派大夫王孫滿前往慰勞楚莊王。楚莊王問起九鼎的大小輕重，王孫滿一番言語，讓楚莊王知道周天子在諸侯中還有相當影響，使其不敢輕率放周。鼎是古代國家權利的象徵，楚莊王問鼎，有取代周室之意，「問鼎中原」成語就源於此。

初稅畝

　　春秋時期，西元前594年實行的按畝徵稅的田賦制度。它是承認私有土地合法化的開始。實行「初稅畝」田賦制度之前，魯國實行按井田徵收田賦的制度，私田不向國家納稅，因此國家財政收入佔全部農業產量的比重不斷下降。魯國實行初稅畝，即履畝而稅，按田畝徵稅，不分公田、私田，凡佔有土地者均按土地面積納稅，稅率為產量的10％。初稅畝的實行增加了財政收入，適應和促進了新生的封建土地佔有關係。

弭兵之會

　　春秋中期，晉、楚兩國為了爭奪中原地區的霸權，不斷對周圍的弱小諸侯國用兵。夾在這兩個國家當中的一些國家，也時常遭受兵禍之苦。為了擺脫這種尷尬局面，他們找到了一條出路，那就是召開軍備控制會議，商討消除兵禍的途徑。

　　弭兵之會，是春秋時期的重大轉折。之後，中原地區的霸權之爭便告一段落。以往那種國與國之間的鬥爭逐漸轉向了各國內部的鬥爭，許多國家內部都漸漸發生

了一些政治、經濟等方面的變化，一種新興的社會制度開始逐漸發展起來。中國古代社會也隨之進入了一個新的歷史時期。

吳越爭霸

西元前544年，吳侵越時所獲戰俘刺死吳王余祭。西元前510年，吳大舉攻楚前，為解除後顧之憂，又曾攻越，佔領檇李（今浙江嘉興南）。十五年，吳軍主力在楚都郢時，越乘機侵入吳境，雙方衝突日趨激化。吳欲爭霸中原，必先征服越國，以解除其後方威脅；越欲北進中原，更必先服吳才有可能，因而引起延續二十餘年的吳越戰爭。吳越爭霸已經是春秋爭霸的尾聲，戰國七雄混亂的局面即將來臨。

管仲

管仲（約西元前725年～645年）漢族，名夷吾，又名敬仲，字仲，春秋時期齊國著名的政治家、軍事家，穎上（今安徽穎上）人。管仲少時喪父，老母在堂，生活貧苦，年紀輕輕就必須挑起家庭重擔，為維持生計，

與鮑叔牙合夥經商後從軍，到齊國，幾經曲折，經鮑叔牙力薦，為齊國上卿（即丞相），被稱為「春秋第一相」，輔佐齊桓公成為春秋時期的第一霸主，所以又說「管夷吾舉於士」。管仲的言論見於《國語齊語》，另有《管子》一書傳世。

老子

老子（傳說西元前570年～470年），姓李名耳，字聃，漢族，楚國苦縣（今河南周口鹿邑縣）人，是中國古代偉大的哲學家和思想家，道家學派創始人，世界文化名人。

老子生活在春秋時期，曾在東周國都洛邑（今河南洛陽）任守藏史（相當於國家圖書館館長）。他博學多才，孔子周遊列國時曾到洛陽向老子問禮。老子晚年乘青牛西去，並在函谷關（位於今河南靈寶）前寫成了五千言的《道德經》（又名《老子》），最後不知所終。

《道德經》含有豐富的辯證法思想，老子哲學與古希臘哲學一起構成了人類哲學的兩座高峰，老子也因其深邃的哲學思想而被尊為「中國哲學之父」。

左丘明

　　左丘明（西元前 556 年～451 年）姓左丘，名明，春秋末期魯國人，春秋時史學家，雙目失明。春秋時有稱為瞽矇的盲史官，記誦、講述有關古代歷史和傳說，口耳相傳，以補充和豐富文字的記載，左丘明即為瞽矇之一。相傳曾著《左氏春秋》，又稱《左傳》，與《公羊傳》、《谷梁傳》同為解釋《春秋》的三傳之一，具有重要的史料價值。

扁鵲

　　扁鵲（生卒年不詳），名秦越人，渤海郡鄭（今河南鄭州新鄭市）人，或齊國盧邑（今山東省長清縣）人，也有記載為渤海郡州（今河北任丘縣北）人。戰國時代名醫。《史記》等載其事跡涉及數百年。扁鵲精於內、外、婦、兒、五官等科，應用砭刺、針灸、按摩、湯液、熱熨等法治療疾病，被尊為醫祖。相傳扁鵲曾醫救虢太子，扁鵲死後，虢太子感其再造之恩，收其骨骸而葬之，墓位於今永濟市清華鎮東。扁鵲年輕時虛心好學，刻苦鑽研醫術。他把積累的醫療經驗，用於平民百

姓，周遊列國，到各地行醫，為民解除痛苦。由於扁鵲醫道高明，為百姓治好了許多疾病，趙國的勞動人民送他「扁鵲」稱號。

儒家

儒家是中國古代最有影響的學派。創始人是孔子。作為華夏固有價值系統的一種表現的儒家，並非通常意義上的學術或學派。一般來說，特別是先秦時，雖然儒家是最有影響的學派，但也只是諸子之一，與其他諸子一樣地位本無所謂主從關係。儒家經典主要有儒學十三經。儒家本有六經，《詩經》、《尚書》、《儀禮》、《樂經》、《周易》、《春秋》。

《論語》

《論語》是儒家學派的經典著作之一，由孔子的弟子及其再傳弟子編纂而成。它以語錄體和對話文體為主，記錄了孔子及其弟子言行，集中表現了孔子的政治主張、倫理思想、道德觀念及教育原則等。通行本《論語》共二十篇。論語的語言簡潔精練，含義深刻，其中有許多言論至今仍被世人視為至理。

《孫子兵法》

　　《孫子兵法》是中國古典軍事文化遺產中的璀璨瑰寶，是中國優秀文化傳統的重要組成部分。其內容博大精深，思想精邃富贍，邏輯縝密嚴謹。《孫子兵法》成書於春秋末期，是中國古代流傳下來的最早、最完整、最著名的軍事著作，在中國軍事史上佔有重要的地位。其軍事思想對中國歷代軍事家、政治家、思想家產生非常深遠的影響，其已被譯成日、英、法、德、俄等十幾種文字，在世界各地廣為流傳，享有「兵學聖典」的美譽。

侯馬盟書

　　侯馬盟書，春秋晚期晉定公十五年到二十三年（西元前497~489）晉國世卿趙鞅同卿大夫間舉行盟誓的約信文書。1965年山西省文物工作委員會在發掘山西侯馬晉城遺址時發現，同年11月至次年5月發掘。盟書又稱「載書」。當時的諸侯和卿大夫為了鞏固內部團結，打擊敵對勢力，經常舉行這種盟誓活動。盟書一式二份，一份藏在盟府，一份埋於地下或沉在河裡，以取信於神

鬼。侯馬盟書是用毛筆將盟辭書寫在玉石片上，字跡一般為朱紅色，少數為黑色。字體近於春秋晚期的銅器銘文。它的發現對研究中國古代盟誓制度、古文字以及晉國歷史有重大意義。

禮崩樂壞

指封建禮教的規章制度遭到極大的破壞。出自清·章炳麟《與簡竹居書》：「中唐以來，禮崩樂壞，狂狄有作，自己制則，而事不稽古。」禮崩樂壞是對東周時期典章制度逐漸被廢棄的一種形象描述。在春秋中後期，由於生產力的發展導致在經濟基礎、上層建築領域出現了與周禮要求不相融的局面，具體表現在勢力強大的諸侯開始變土田為私田，變分封制為郡縣制，政權不斷下移，並紛紛制定自己的法律。這些都反映了奴隸社會正走向解體。

熊掌難熟

楚成王欲立長子商臣為太子，幾年以後，楚成王年紀大了，又想廢掉商臣，立寵妃所生的小兒子職為太

子。商臣也聽到了有關廢立的風聲，因為不知道是否屬實，就去找潘崇商量。潘崇說：「你甘心做職的臣嗎?」商臣說：「不甘心!」潘崇又說：「你願意逃走嗎?」商臣答：「不願意!」「那麼你敢做大事嗎?」商臣想了一想說：「敢!」於是，商臣在潘崇的授意下，立即召集東宮衛隊包圍了成王的住處，活捉了成王。

成王知道難逃活命，因平時最喜歡吃熊掌，故要求臨死之前再吃一次熊掌。可是商臣卻說：「熊掌難熟燒起來很費時間，夜長夢多啊!我不能再等了。」成王無奈，在長子的逼迫下只好自殺。

趙氏孤兒

晉景公年間，奸臣屠岸賈欲除忠烈名門趙氏。他率兵將趙家團團圍住，殺掉了趙朔、趙同、趙括、趙嬰齊等全家老小，並四處搜捕趙氏遺孤趙武。趙氏門客程嬰與公孫杵臼定計，以程子假冒趙武替死，從而救出趙武，由程嬰撫養成人，最終平反昭雪，報了冤仇，趙武當上了大夫，趙氏勢力重新恢復。

▌▌高山流水遇知音：鍾子期與俞伯牙 ▌▌

春秋時，俞伯牙擅彈古琴，只是恨無知音。有次俞伯牙乘船外出，時值中秋之夜，偶遇一樵夫鍾子期。俞伯牙每彈一曲，子期都能講出樂曲的內容和演奏時的感情。兩人在船上互訴衷腸，結拜為兄弟。並約定一年以後在此相會。

第二年中秋，俞伯牙如約前來彈奏，岸上卻不見鍾子期的影子。後知鍾子期已離開人世。死前他讓人把他葬在岸邊，好讓他的靈魂依約到此相會。

伯牙來到墳前，邊哭邊彈，看熱鬧者卻拍手大笑，伯牙仰天長歎：「子期不在，誰是知音？」遂將古琴摔碎。這個知音相求、同心相依的佳話流傳至今。

▌▌春秋無義戰 ▌▌

春秋時期，周天子威信漸漸降低，很多有勢力的諸侯依次採用「挾天子以令諸侯」的方式來開展兼併戰爭。他們經常打著「勤王」的旗號，事實上是想取得自己稱霸諸侯的目的，並非真正幫助周王樹立天子威信。「義戰」就是指正義的戰爭，在那個時候，就是為了維

護周天子而發動的戰爭。「春秋無義戰」指的就是假「勤王」真爭霸的意思。

古代倫理教育：七教

古代倫理教育從父子、兄弟、夫婦、君臣、長幼、朋友和賓客共七個方面進行，稱「七教」。《孟子滕文公上》：「契為司徒，教以人倫：父子有親，君臣有義，夫婦有別，長幼有序，朋友有信」，是為「五教」。《禮記王制》從長幼中分出「兄弟」，於「朋友」中分出「賓客」，乃成「七教」。《孔子家語王言》以敬老、尊齒、樂施、親賢、好德、惡貪、廉讓為「七教」。

孔子周遊列國

孔子是魯國公時魯國的司寇，當時魯國公沉迷享樂，不理政事，孔子數次勸諫不聽，就與弟子們離開了魯國，開始周遊列國。從西元前497年到西元前484年的十幾年中，孔子先後訪問了六、七個國家，極力宣傳仁、義、德政和禮制，但都沒得到當權者的採納。

◆ 戰國

三家分晉

　　三家分晉是指中國春秋末年，晉國被韓、趙、魏三家瓜分的事件。周威烈王二十三年（西元前403年），周威烈王封三家為侯國。

　　司馬光的編年體史書《資治通鑑》的記載就從這一事件開始：「周威烈王二十三年，初命晉大夫魏斯、趙籍、韓虔為諸侯　　」，作為春秋與戰國的分界。

　　西元前376年，韓、趙、魏廢晉靜公，將晉公室剩餘土地全部瓜分。因此韓、趙、魏三國又被合稱為「三晉」。三家分晉是歷史上具有劃時代意義的重大事件。它是中國奴隸社會瓦解，封建社會確定的標誌。

戰國七雄

　　戰國七雄指歷史上東周戰國時期七個最強的諸侯國的統稱。春秋時期無數次戰爭使諸侯國的數量大大減少，到戰國時期實力最強的七個諸侯國分別是齊、楚、秦、燕、趙、魏、韓，這七個國家被史家稱作「戰國七雄」。

李悝變法

戰國初期，魏國國君魏文侯任用李悝為宰相，實行變法。據說，李悝是孔子弟子卜子夏的學生。李悝在任相期間，得到國君的信任和同僚的支持；在政治、經濟各個方面進行了卓有成效的改革。

李悝變法的主要內容：鼓勵農民勤謹耕作，實行「平糴法」，實行「食有勞而祿有功」，編製了中國歷史上第一部完整的封建法典——《法經》。李悝變法使魏國經濟得以迅速發展，國力日益強大，成為戰國初期的一個強盛的國家。

商鞅變法

秦國在春秋時期，社會經濟的發展落後於關東齊、楚、燕、趙、魏、韓這六個大國。西元前384年，秦獻公即位，下令廢除人殉的惡習。次年又遷都棟立。秦孝公即位以後，決心徹底改革，便下令招賢。

商鞅自魏國入秦，秦孝公任他為左庶長，開始變法。變法主要內容：廢井田、開阡陌；重農抑商、獎勵耕織；統一度量衡；勵軍功，實行二十等爵制；除世卿

世祿制，鼓勵宗室貴族建立軍功；改革戶籍制度，實行連坐法；推行縣制；定秦律，「燔詩書而明法令」。商鞅變法對戰國末年秦國的崛起發揮了重要的作用。

荊軻刺秦王

西元前228年，荊軻奉燕國太子丹之命，帶著將軍樊於期的人頭和割讓城池的地圖前去刺殺秦王，以解亡國之危。荊軻到了秦國的朝堂上，捧著裝著樊於期頭顱的木匣上去，獻給秦王政。

秦王政打開木匣，看裡面果然裝著樊於期的頭顱。於是他又叫荊軻把地圖拿來。荊軻把一卷地圖慢慢打開，到底圖全部打開時，荊軻事先藏在地圖裡的浸毒匕首就露了出來。荊軻抓起匕首沒有刺中，秦王政便往外跑。荊軻追了上來，兩個人繞著柱子轉起圈來。

秦王政的醫官急中生智，把手裡的藥袋向荊軻扔了過去。荊軻一閃身的工夫，秦王政向前一步，拔出寶劍，砍斷了荊軻的右腿。這時候，武士一擁而上，殺死了荊軻。

完璧歸趙

　　戰國時，趙惠文王得到了楚國的「和氏璧」。秦昭襄王得知後寫信給趙王，說要以十五座城池來換璧。當時秦強趙弱，趙王因此擔心送去了璧而得不到城池。藺相如主動請求帶著璧去換城。他到秦國獻出璧後，見秦王沒有誠意，不肯交出城池，就設法取回璧，送回了趙國。後人用「完璧歸趙」比喻物歸原主。

長平之戰

　　西元前262年，秦昭王派大將白起攻打韓國，韓上黨郡守聯趙抗秦。趙駐兵於長平（今山西省高平市長平村）抵禦，雙方僵持三年之久。

　　西元前260年，趙王中了秦國的離間計，罷免廉頗，以趙括為將。趙括只會紙上談兵，沒有實戰經驗，盲目出擊，被秦軍包圍。趙軍40萬人皆降，白起僅將幼弱者240餘人放回報信，餘皆坑殺。趙國主力喪失，從此一蹶不振。

邯鄲之圍

　　西元前259年，秦國於長平之戰後乘勝包圍了趙國的都城邯鄲，歷時兩年未能攻下。趙國向諸侯求救，魏王派將軍晉鄙率10萬大軍援趙，但懼怕秦國的戰爭威脅而中途不敢前進。西元前257年，魏國的公子信陵君無忌為了救趙，想方設法盜出魏王調兵的虎符，到晉鄙軍中假傳王命，奪得軍權，挑選了8萬精兵，馳援救趙。

　　魏軍和邯鄲城裡的趙軍兩次夾攻，秦軍大敗，邯鄲之圍解除。此次失利對於秦國的實力並沒有太大的影響。趙國雖然暫時轉危為安，而長平一戰損失太大，從此無力與秦國爭衡。

毛遂自薦

　　西元前258年，秦軍圍攻趙國城都邯鄲，趙王派平原君去楚國求救。平原君想帶20名門客同行，但少一人，毛遂自薦而行。見到楚王後，平原君與楚王議論良久而無法決斷，毛遂不顧個人安危，按劍威脅楚王，正氣凜然，直陳利害，迫使楚王當場決定出兵救趙，終於解了趙國之圍。

趙括紙上談兵

趙括從小時候就學習兵法，談論用兵打仗的事，認為天下沒有人能抵擋自己。他曾經跟他父親趙奢談論用兵打仗的事，趙奢不能難倒他。趙括代替了廉頗以後，全部變更了軍法，輕率地任用軍官。

秦國的將軍白起聽說以後，指揮奇兵，假裝打敗撤退，而斷絕趙軍的糧道，把趙軍一分為二，趙軍士氣不能統一。

被困四十多天，趙軍非常飢餓，趙括親自指揮精兵博戰，秦軍用箭射死了趙括。趙括的軍隊大敗，數十萬趙軍投降了秦國，秦國全部將他們活埋了。

雞鳴狗盜之助

西元前299年，齊愍王派孟嘗君入秦，昭王任以為相，後被囚禁。他派人向昭王的寵姬求救，寵姬想要孟嘗君曾獻給昭王的白狐裘，結果一個善於偷盜的門客將狐裘偷出，寵姬果然說服秦王釋放了孟嘗君。

不久，秦王反悔，派兵追擊，孟嘗君半夜逃到函谷關，按慣例，關門須到雞鳴之時才能開放。於是一個會

學雞鳴的門客學雞啼叫，引得眾雞齊鳴，使守關者開啟城門，孟嘗君才得以逃脫。

魯班

魯班（西元前507年～444年），姓公輸，名般。又稱公輸子、公輸盤、班輸、魯般。因是魯國人（今滕州人），「般」和「班」同音，古時通用，故人們常稱他為魯班。公輸般一生注重實踐，善於動腦，在建築、機械等方面作出了很大貢獻。他能建造「宮室台榭」；曾製作出攻城用的「雲梯」，舟戰用的「勾強」；創制了「機關備制」的木馬車；發明了曲尺、墨斗、刨子、鑿子等各種木作工具，還發明了磨、碾、鎖等。由於成就突出，建築工匠一直把他尊為「祖師」。

屈原

屈原（約西元前340年～278年），漢族，戰國時期楚國人，姓屈，名平，字原；又自雲名正則，字靈均。中國戰國末期楚國丹陽人，楚武王熊通之子屈瑕的後代。主張聯齊抗秦，提倡「美政」。

屈原是中國最偉大的浪漫主義詩人之一，也是中國

已知最早的著名詩人和偉大的政治家。他創立了「楚辭」這種文體（也就是創立了「辭賦」這一文體），也開創了「香草美人」的傳統。《離騷》《九章》《九歌》《天問》是屈原最主要的代表作。

孫臏

孫臏，其本名不傳，是中國戰國時期軍事家。在今山東鄄城人，漢族，孫武後代。身長七尺，約為 1.86 米（其實孫臏沒有那麼高，秦朝的長度不正確）。與龐涓同學兵法，後龐涓為魏惠王將軍，誆他到魏，處以臏刑（去膝蓋骨），故稱孫臏。後經齊國使者秘密接回，被齊威王任為軍師，馬陵之戰，身居輜車，計殺龐涓，大敗魏軍。著作有《孫臏兵法》，久已失傳。1972 年銀雀山出土，有一萬一千餘字。

《甘石星經》

《甘石星經》是世界上最早的天文學著作。在長期觀測天象的基礎上，戰國時期楚人甘德（今屬湖北）、魏人石申（今屬河南開封）各寫出一部天文學著作。後

人把這兩部著作合起來，稱為《甘石星經》。書中詳細記載了五星之運行情況，以及它們的出沒規律，並肉眼記錄木衛二（甘德所載，1981年席澤宗指出，但國際上未被承認）。書中記錄800多個恆星的名字，並劃分其星官，其體系對後世發展頗有深遠影響。書中提及日食、月食是天體相互掩食的現象。（為紀念石申之發現，月球上有一座環形山以其姓名命名）

《黃帝內經》

　　《黃帝內經》是中國傳統醫學四大經典著作之一，也是第一部冠以中華民族先祖「黃帝」之名的傳世巨著，是中國醫學寶庫中現存成書最早的一部醫學典籍。是研究人的生理學、病理學、診斷學、治療原則和藥物學的醫學巨著。在理論上建立了中醫學上的「陰陽五行學說」、「脈象學說」「藏象學說」、「經絡學說」、「病因學說」「病機學說」、「病症」、「診法」、論治及「養生學」、「運氣學」等學說。其醫學理論是建立在中國古代哲學理論的基礎之上的，反映了中國古代樸素唯物主義辨證思想。

《戰國策》

《戰國策》是戰國時遊說之士的策謀和言論的彙編，初有《國策》、《國事》、《事語》、《短長》等名稱和本子，西漢末劉向彙集了33篇合定為一書，取名《戰國策》。

《呂氏春秋》

《呂氏春秋》是秦國丞相呂不韋主編的一部古代類百科全書似的傳世巨著，有八覽、六論、十二紀，共二十多萬言。呂不韋自己認為其中包括了天地萬物古往今來的事理，所以號稱《呂氏春秋》。

黃老學家

黃老學派是戰國時期道家學派的一個分支，代表人物有慎到、接子等人。他們以老子天道自然、無為而治的道本體思想為立足點，融合儒家德治思想、法家法治思想，形成一種以清靜無為、愛民惠民、刑名法術為核

心的新學說體系。該學派奉黃帝為始祖，以老子為近祖，因而被稱為黃老學派。

戰國四公子

戰國末期，秦國越來越強大。各諸侯國貴族為了對付秦國的入侵和挽救本國的滅亡，竭力網羅人才。他們禮賢下士，廣招賓客，以擴大自己的勢力，因此養「士」（包括學士、策士、方士或術士以及食客）之風盛行。當時，以養「士」著稱的有齊國的孟嘗君、趙國的平原君、魏國的信陵君和楚國的春申君。後人稱他們為「戰國四公子」。

戰國五大刺客

荊軻，戰國末年刺客。荊軻刺殺秦王，結果死在了秦王武士的刀下。

曹沫，魯國人氏，他在齊桓公和魯莊公於柯地會盟時，執匕首劫持齊桓公，強迫他歸還侵奪魯國的土地，齊桓公被迫同意。

專諸，西元前515年，他藏匕首於魚腹之中，刺死

吳王僚，幫助吳公子光（闔閭）奪得王位。

豫讓，春秋戰國間晉國人。為晉卿智瑤家臣。西元前453年，趙、韓、魏共滅智氏。豫讓先後兩次謀刺趙襄子未遂，後為趙襄子所捕。

聶政，於西元前397年幫韓國大夫嚴遂刺死了與之爭權奪利的相國俠累，他也自刎而死。

曾侯乙編鐘

曾侯乙編鐘是中國迄今發現數量最多、保存最好的一套編鐘。這套編鐘出自湖北隨州的曾侯乙墓。墓主是戰國早期曾國的國王，同期出土的還有其他樂器近百件。曾侯乙編鐘數量巨大，完整無缺。

按大小和音高為序編成8組懸掛在3層鍾架上。最上層3組19件為鈕鐘，形體較小，有方形鈕，有篆體銘文，但文呈圓柱形，枚為柱狀字較少，只標注音名。

中下兩層5組共45件為甬鐘，有長柄，鍾體遍飾浮雕式蟠虺紋，細密精緻，外加楚惠王送的一枚鎛鍾共65枚。

秦漢時期

◆ 秦朝

秦滅六國

西元前238年，秦王嬴政罷黜呂不韋，親自執政，開始謀劃吞併六國的戰爭。其作戰的總謀略是由近及遠，先取趙國、魏國、韓國，再取燕國、楚國、齊國。西元前230年韓國亡。西元前229年滅趙。西元前225年魏國亡。西元前224年滅楚。西元前222年將燕國滅掉。西元前221年，秦將王賁又率軍滅齊。經過二十多年的戰爭，秦國最終滅掉六國，統一了天下。

蒙括出擊匈奴

西元前215年，秦始皇命大將蒙括率領30萬大軍向北出擊匈奴。第二年，秦軍將匈奴擊退了七百里，奪取了黃河南邊的大片土地。

　　秦始皇就在當地設置了九原郡，派獲罪被貶的犯人去戍守。當時蒙括駐守上郡（今陝西榆林南），匈奴頭領單于只好率眾北遷。

焚書坑儒

　　西元前213年，博士齊人淳於越反對當時實行的「郡縣制」，要求根據古制，分封子弟。丞相李斯加以駁斥，並主張禁止百姓以古非今，以私學誹謗朝政。秦始皇採納李斯的建議，下令焚燒《秦記》以外的列國史記，對不屬於博士館的私藏《詩》、《書》等也限期交出燒燬；有敢談論《詩》、《書》的處死，以古非今的滅族；禁止私學，想學法令的人要以官吏為師，此即為「焚書」。

　　第二年，兩個術士（修煉功法煉丹的人）侯生和盧生暗地裡誹謗秦始皇，並亡命而去。秦始皇得知此事，大怒，派御史調查，審理下來，得犯禁者四百六十餘人，全部「焚書坑」及「坑儒谷」遺址坑殺，此即為「坑儒」。兩件事合成「焚書坑儒」。

沙丘之變

西元前210年夏，嬴政皇帝生平最後一次出巡。像往常一樣，李斯、胡亥、趙高從行，去疾留守。不料始皇於沙丘（今河北平鄉東北）暴卒，宦者趙高脅迫左相李斯發動「沙丘之變」，他們合謀篡改了始皇的傳位詔書，廢太子扶蘇，改立胡亥為新帝。

趙高篡權

趙高乃秦二世胡亥的親信，因幫胡亥篡奪帝位，深得秦二世寵信。不久便當上了丞相，被封為武安侯，大權獨攬。趙高怕大臣向皇帝揭發他的罪行，就一面陷害和他作對的大臣，一面勸二世深居寢宮，不見臣民，從而一手獨攬朝政大權。

鉅鹿之戰

秦朝末年，天下大亂，諸侯割據，軍閥混戰。西元前207年，趙王歇被秦軍將領王離率領20萬大軍圍困在

鉅鹿（今河北平鄉），無奈之下派使者向楚懷王求援。項羽為報秦軍殺父之仇主動請纓，於是楚懷王便封項羽為上將軍，率軍五萬以解鉅鹿之困。

項羽渡過漳河，切斷秦軍運糧通道。並下令全軍將士破釜沉舟，每人只攜帶三天的乾糧，以示決一死戰之決心。項羽對將士們說：「我們這次出兵鉅鹿，有進無退，三天之內，一定要打敗秦軍。」

項羽破釜沉舟的決心和勇氣，極大地鼓舞了將士們的士氣。楚軍個個士氣振奮，以一當十，奮勇死戰，九戰九捷，大敗秦軍。此時，齊、燕等各路援軍也衝出營壘助戰，最後俘獲了秦軍統帥王離，殺了其副將，鉅鹿之困因而得解。

西楚霸王

西元前206年，項羽打敗秦軍後便攻入咸陽，自恃功高，要主宰天下。一方面把楚懷王遠徙江南，同時以「滅秦定天下者」自詡，自封為西楚霸王，定都彭城，又以霸主身份，分封了十八位諸侯王，其中封劉邦為漢王，管轄邊遠的巴、蜀、漢三都。

垓下之圍

西元前202年，劉邦在與項羽幾年的交戰中已佔據明顯優勢。劉邦調集韓信、彭越的大軍合攻項羽，將十萬楚軍包圍在垓下（今安徽靈璧）。項羽在半夜聽到四面漢軍中傳出楚歌聲，以為漢軍攻佔了楚地，就率領八百騎兵突圍。到烏江邊時，他不肯渡江逃命，便在江邊自刎了。

秦始皇

秦始皇（西元前259～210年），首位完成中國統一的秦王朝的開國皇帝。後人稱之為「千古一帝」。姓嬴，名政，秦莊襄王之子。出生於趙國首都邯鄲（今河北省邯鄲市）漢族。西元前247年，即秦始皇13歲時即王位，西元前238年，即秦始皇22歲時在故都雍城舉行了成人加冕儀式，從此正式登基「親理朝政」，39歲終於完成了統一中國的歷史大業，稱帝。西元前247年，秦王政即位，因年幼朝政由太后和相國呂不韋及嫪毐掌管。西元前238年，秦王政親理朝政，除掉呂、嫪等人，重用李斯、尉繚，自西元前230年至221年，先後滅韓、

趙、魏、楚、燕、齊六國，完成了統一全國的大業，建立起第一個以早期漢族為主體的強大秦漢多民族統一的封建大帝國——秦朝。

趙高

趙高，卒於西元前207，本為趙國貴族，後入秦為宦官（一說趙高為「宦官」乃後世曲解），任中車府令，兼行符璽令事。秦始皇死後，他與李斯合謀偽造詔書，逼秦始皇長子扶蘇自殺，另立胡亥為帝，並自任郎中令。他在任期間獨攬大權，結黨營私，徵役更加繁重，行政更加苛暴。西元前208年又設計害死李斯，成為秦國丞相。第二年他迫二世自殺，另立子嬰。不久被子嬰殺掉，誅夷三族。

李斯

李斯，卒於西元前208年，姓李，名斯，字通古。秦代政治家。戰國末年楚國上蔡（今河南上蔡西南）人。早年為郡小吏，後從荀子學帝王之術，學成入秦。初被呂不韋任以為郎，後勸說秦王政滅諸侯、成帝業，

被任為長史。

　　秦王採納其計謀，遣謀士持金玉遊說關東六國，離間各國君臣，又任其為客卿。西元前237年，秦王下令驅逐六國客卿。李斯上《諫逐客書》阻止，為秦王嬴政所採納，不久官為廷尉。

　　在秦王政統一六國的事業中起了較大作用。秦統一天下後，與王綰、馮劫議定尊秦王政為皇帝，並制定有關的禮儀制度。被任為丞相。他建議拆除郡縣城牆，銷毀民間的兵器，以加強對人民的統治；反對分封制，堅持郡縣制；又主張焚燒民間收藏的《詩》、《書》、百家語，禁止私學，以加強專制主義中央集權的統治。還參與制定了法律，統一車軌、文字、度量衡制度。秦始皇死後，他與趙高合謀，偽造遺詔，迫令始皇長子扶蘇自殺，立少子胡亥為二世皇帝。後為趙高所忌，於秦二世二年（西元前208年）被腰斬於咸陽鬧市，並夷三族。

泰山封禪

　　秦始皇二十八年（西元前219年），也就是統一六國後的第三年，始皇東巡郡縣，召集齊、魯的儒生博士

七十餘人到泰山下，商議封禪的典禮，以表明自己當上皇帝是受命於天的。儒生們的議論各不相同，難於施行。於是他絀退所有的儒生，借用原來秦國祭祀雍上帝的禮封泰山、禪梁父，刻石頌秦德。秦二世胡亥嗣位，於元年（西元前209年）也東巡，又在空餘的一面刻上他的詔書和從臣姓名。刻辭為秦朝統一文字後的小篆，相傳是李斯所書。

三公九卿

秦漢時期建立了以皇帝為中心的三公九卿制。三公為丞相、御史大夫和太尉，分掌行政、監察和軍事。九卿為中央政府各部門的主要行政長官：奉常為九卿之首，掌宗廟禮儀及文化教育；郎中令掌宮殿門戶守衛，為宿衛侍從長官；衛尉為宮門警衛之官；太僕掌皇帝車馬，兼掌全國馬政；廷尉為中央最高司法長官；典客掌民族事務及朝聘；宗正專管皇室親屬事務；治粟內史職責為徵收鹽鐵、錢谷、租稅和國家財政收支；少府掌山海池澤之稅和官府手工業製造，以供應皇室。

秦漢九卿除衛尉、廷尉和治粟內史諸卿主要掌政府行政事務外，其餘諸卿職能主要為皇帝及皇室內廷服

務。國事與君主家事不分，政務與宮廷事務混雜，是秦漢中央官制的特點之一。

秦始皇統一貨幣、文字

和度量衡秦朝統一後，就規定黃金為上幣，每二十兩為一鎰，統一使用半兩錢，確立了當時世界上較為先進的幣制，而以前各國的貨幣都被廢止。秦始皇還規定以秦小篆為標準文字。此外，秦對全國的度量衡也作出了統一規定。

修築長城

為了防禦匈奴人南下，從西元前 214 年起，秦始皇下令在秦、趙、燕三國長城的基礎上，修建起新的萬里長城。秦長城西起臨洮，東至遼東，花費了十餘年的時間，耗費了無數人力物力。長城是當時世界上巨大的工程，對保障內地人民的生產和生活起了重要作用。

孟姜女萬里尋夫

傳說秦始皇下令修築長城，強征十萬工役，孟姜女之夫萬喜良也被強征。後孟姜女萬里尋夫至咸陽，不料萬喜良已死；孟姜女便在長城腳下哭弔夫婿，長城亦為之崩塌。秦始皇見到孟姜女後，欲迫其為妃。孟姜女佯裝答應，等到將萬喜良禮葬後，自盡殉夫。

阿房宮

秦始皇在消滅六國統一全國以後，在都城咸陽大興土木，建宮築殿，其中所建宮殿中規模最大的就是阿房宮。西元前212年，在渭河以南的上林苑中開始營造朝宮，即阿房宮。由於工程浩大，秦始皇在位時只建了一座前殿。工程未完成秦始皇死了，秦二世胡亥調修建阿房宮工匠去修建秦始皇陵，後繼續修建阿房宮，但秦王朝很快就垮台了。如今在陝西西安西郊三橋鎮以南，東起巨家莊，西至古城村，還保存著面積約六十萬平方米的阿房宮遺址。

靈渠

　　秦始皇派兵征服南越的時候，因為廣西的地形地貌導致運輸補給供應不上。所以改善和保證交通補給成了這場戰爭的成敗關鍵。秦始皇運籌帷幄，命令史祿劈山鑿渠。史祿通過精確計算終於在興安開鑿了靈渠，奇蹟般地把長江水系和珠江水系連接了起來，使援兵和補給源源不斷地運往前線，推動了戰事的發展，最終把嶺南的廣大地區正式地劃入了中原王朝的版圖，為秦始皇統一中國起了重要的作用。

明修棧道，暗渡陳倉

　　此計是漢大將軍韓信創造。「明修棧道，暗度陳倉」是古代戰爭史上的著名成功戰例。西元前206年，已逐步強大起來的劉邦，派大將軍韓信出兵東征。出征之前，韓信派了許多士兵去修復已被燒燬的棧道，擺出要從原路殺回的架勢。關中守軍聞訊，密切注視修復棧道的進展情況，並派主力部隊在這條路線各個關口要塞加緊防範，阻攔漢軍進攻。由於吸引了敵軍注意力，把敵軍的主力引誘到了棧道一線，韓信立即派大軍繞道到

陳倉（今陝西寶雞縣東）發動突然襲擊，一舉打敗章邯，平定三秦，為劉邦統一中原邁出了決定性的一步。

◆ 西漢

漢初休養生息

　　漢高祖劉邦採取了一系列旨在恢復經濟的「休養生息」的政策和措施，以謀求解決政權建立之初瀕臨崩潰的經濟情況。如：軍中吏卒無爵或在大夫以下的，一律晉爵為大夫；大夫以上的皆免除本人及全家徭賦；爵在士大夫以上的，首先給予田地和住宅，並給以若干戶租稅的封賞，稱「食邑」，讓在戰亂中流亡山澤的百姓各自返回故鄉，恢復原來的爵號和田地住宅；因飢餓而賣身為奴婢的一律免為庶人；減輕田租為十五稅一；令蕭何制定《九章律》，以代替臨時頒布的約法三章；對匈奴採取「和親」政策等。這一系列的政策和措施，取得了良好的社會效果和經濟效益，為漢朝初年經濟的恢復發展奠定了良好的基礎。

白登之圍

西元前200年，匈奴首領冒頓舉兵南下，與叛漢的韓王信聯兵圍困晉陽。劉邦親自率兵迎擊，被匈奴騎兵包圍在平城白登山達七天七夜之久，後來陳平用計買通了冒頓身邊的人，漢軍才得以脫身。劉邦鑑於漢朝國力虛弱，一時沒有力量再去征討匈奴，就採納婁敬的建議，與匈奴和親，每年饋贈絮繒酒食等禮物給匈奴，並且開放漢與匈奴之間的關市。漢與匈奴的關係暫時緩和下來了。

呂后稱制

指西漢惠帝死後，呂后臨朝執政。呂后名雉，西元前202年劉邦立呂雉為后。呂雉為人有謀略而性殘忍，劉邦死後，劉盈繼位，是為惠帝。呂后以惠帝年少，恐功臣不服，密謀盡誅諸將；後畏懼諸將擁有兵力，不敢下手。她又毒死趙王如意，害死戚夫人，對其他劉氏諸王，亦加殘害。惠帝不滿呂后所為，憂鬱病死後，呂后臨朝執政八年。她繼續推行高祖以來「與民休息」的政策，先後廢除秦以來的「挾書律」、「三族罪」、「妖

言令」；減田租，獎勵農耕，放寬對商人的限制等等。這些措施對當時社會生產的發展起了一定的積極作用。

七國之亂

又稱七王之亂，西元前154年，吳王劉濞串通楚、趙、膠西、膠東、菑川、濟南六國的諸侯王，發動了聯合叛亂。用「請誅晁錯，以清君側」的名義，舉向兵西。叛軍很快被周亞夫與大將軍竇嬰鎮壓下去。劉濞逃到東越，為東越王所殺。其餘六王皆畏罪自殺，七國都被廢除。

文景之治

西漢初年，經濟蕭條，到處都是一片荒涼的景象。漢高祖及其後的漢文帝、漢景帝等，吸取秦滅的教訓，減輕農民的徭役和勞役等負擔，注重發展農業生產。文景時期，提倡節儉，重視「以德化民」，社會比較安定，經濟得到發展。歷來被視為封建社會的「盛世」，史稱「文景之治」。

張騫出使西域

漢武帝是第一個看到河西走廊重要性的雄才大略之人，正是他派遣張騫率使團通西域，中原王朝才首次在河西設郡。西元前139年到元朔三年西元前126年張騫首次出使西域，期間歷經千辛萬苦，前後長達十三年。在經過河西走廊時，他們被匈奴發現並俘獲。

張騫被囚禁十餘年後，終於尋機逃出來，依然不忘身上的使命，繼續西行尋找大月氏。經過大宛（今費爾干納）、康居（今撒馬爾罕）到了阿姆河上游，終於找到了大月氏。然而此時大月氏早通過戰爭使大夏臣服，在這一帶安居樂業，再也不想去跟匈奴報仇了。張騫回程中又被匈奴人抓住，所幸他再次逃脫，回到了長安。

景帝削藩

七王之亂被平定下去後，景帝便加速了削藩的進程，將王國境內的名山大川一律收歸國有，諸侯王不准再自行治理國家、任免官吏，歷來享有的政治特權大部分都被削奪。至此，王國終於與郡一樣受到中央的直接控制。

罷黜百家，獨尊儒術

罷黜百家，獨尊儒術，是漢武帝實行的封建思想統治政策，讓儒學成為封建正統思想。

「罷黜百家，獨尊儒術」之政策，確立了儒家思想的正統與主導地位，使得專制「大一統」的思想作為一種主流意識形態成為定型，而作為一種成熟的制度亦同樣成為定型；是他完成了專制政治結構的基本工程，所謂「內聖外王」，剛柔相濟，人治社會的政治理想第一次因為有了一套完備的仕進制度而得以確立；是他使得大家族的生活方式成為一個社會牢固、安定的勢力，並進一步推而廣之，最終使之成為整個宗法制國家的基礎。

衛青、霍去病遠征匈奴

西元前129年，衛青率軍驅逐匈奴，收復了河套以南的地區。西元前121年，霍去病兩次出擊匈奴，阻隔了匈奴與西羌的聯繫。兩年後，衛青、霍去病率領十萬大軍深入漠北，分兩路合擊匈奴，取得了重大的勝利，基本解除了匈奴對漢北部邊境的威脅。

推恩令

西元前 127 年，主父偃上書武帝，建議令諸侯推私恩分封子弟為列侯。這樣，名義上是上施德惠，實際上是剖分其國以削弱諸侯王的勢力。

這一建議既迎合了武帝鞏固專制主義中央集權的需要，又避免激起諸侯王武裝反抗的可能，因此立即為武帝所採納。

同年春正月，武帝頒布推恩令。推恩令下達後，諸侯王的支庶多得以受封為列侯，不少王國也先後分為若干侯國。這樣，漢朝廷不行黜陟，而藩國自析。其後，王國轄地僅有數縣，徹底解決王國問題。

養老令

西漢漢文帝時，有養老令，規定八十歲以上的老人，每月賜米一斤，肉二十斤，酒五斗；九十歲以上，又加賜帛二匹，絮三斤。

養老令還對這些養老措施的落實作了具體的安排，有執行者，有監督者。但是，犯過重罪，或有罪待決的犯人不在此列。

太學

　　太學是中國古代的大學。太學之名始於西周。漢代始設於京師。漢武帝時，董仲舒上「天人三策」，提出「願陛下興太學，置明師，以養天下之士」的建議。西元前135年，武帝在長安設太學。太學之中由博士任教授，初設五經博士專門講授儒家經典《詩》、《書》、《禮》、《易》、《春秋》。學生稱為「博士弟子」或「太學弟子」。武帝還下令天下郡國設立學校官，初步建立起地方教育系統。太學和郡國學主要是培養統治人民的封建官僚，但是在傳播文化方面，也起了重要作用。

察舉徵辟制

　　所謂察舉，就是由州，郡等地方官，在自己管轄區內進行考察，發現統治階級需要的人才，以「孝廉」「茂才異等」「賢良方正」等名目，推薦給中央政府，經過一定的考核，任以相應的官職；所謂徵辟，是由皇帝或地方長官直接進行徵聘。察舉和徵辟，對於原先實行的世祿世卿制來講，是一大進步。但是這一制度又帶有舉士和舉官不分，選舉和考課不分，選舉與教育分

離，沒有選官的專職官員，先選後考等特點，給各級官吏在察舉和徵辟中徇私舞弊留下很多縫隙。

鹽鐵官營

西漢初年對鹽鐵業採取自由經營政策。漢武帝時，為增加政府財政收入，打擊工商業者，實行鹽鐵由國家壟斷經營，並設置行政機構具體管理。在中央於大司農之下設鹽鐵丞，總管全國鹽鐵經營事業，於地方各郡縣設鹽官或鐵官經營鹽鐵產銷。這一措施增加了國家財政收入，但也導致了鹽鐵官營質次價高等弊病的出現。

霍光廢立漢帝

漢武帝死後，繼位的漢昭帝年僅7歲，大司馬大將軍霍光受遺詔主持朝政。西元前74年，昭帝去世，沒有留下子嗣，霍光與群臣商議後，立了昌邑王劉賀為帝。可劉賀即位後行為放蕩，霍光又聯合群臣請太后下詔，廢了劉賀，另立武帝曾孫劉詢為帝，是為漢宣帝。

昭宣中興

西漢漢昭帝和漢宣帝時代（約為西元前87年至49年），西漢處於穩定發展階段。漢昭帝7歲即位，霍光輔政，繼續實行武帝後期以來的政策，多次下詔賑貸農民，減免田租、口賦等稅收，減輕農民的力役負擔。

宣帝即位後，更著力整頓吏治，推行招撫流亡、安定民生的措施，使社會生產重新得到一定程度的恢復和發展，政治又出現新局面，史稱「昭宣中興」。

西域都護府

西域都護是漢代西域官階最高的官職。在西漢，都護是加在其他官號上的職稱，普遍由騎都尉兼領，領二千石俸；東漢年間為單任官職。

都護一職初設於漢宣帝神爵二年（西元前60年），都護府設在烏壘城（今新疆輪台東北），監護西域諸城郭國。新朝末年至東漢初年廢置。漢和帝永元三年（91年），班超平西域，遂以班超為西域都護，駐龜茲境它乾城（今新疆庫車附近，其址未詳）。至漢安帝永初元年（107年），因西域亂而不復置都護。

昭君出塞

西元前33年，匈奴呼韓邪單于來到長安觀見漢元帝。提出了和親的請求，元帝准其要求，把宮女王昭君以公主的禮節嫁給了呼韓邪單于。

昭君出塞後，匈奴與漢朝長期和平相處，漢匈民族間政治、經濟、文化的聯繫有所發展，邊境安寧，百姓也得以安居樂業。

王莽篡位

漢元帝死後，太后王政君臨朝掌權，王氏子弟顯赫一時。西元前1年，漢哀帝死，王政君的侄子王莽被拜為大司馬大將軍，擁立9歲的漢平帝即位。此後，王莽開始結黨私營，剷除異己，為篡權做準備。

5年，王莽毒死漢平帝，另立2歲的孺子劉嬰為帝，並自稱「攝皇帝」，行使一切大權。8年，王莽廢掉了孺子嬰，自立為帝，改國號為「新」，並開始了托古改制。

王莽改制

為解決西漢社會遺留下來的各種矛盾，王莽附會《周禮》，托古改制。西元9年，針對當時的土地和奴婢問題，詔令宣佈：天下的土地，一律改稱王田；天下的奴婢，一律改稱私屬，都不許買賣。把多出的土地分給九族、鄰里、鄉黨。無田者按一夫百畝的制度受田。有敢違抗者，流放四夷。

第二年，王莽下詔實行五均六筦。五均是在長安以及洛陽、邯鄲、臨淄、宛、成都等大都市設立五均司市師，管理市場。

六筦是由國家掌握鹽、鐵、酒、鑄錢、五均賒貸等5項事業，不許私人經營。政治制度方面王莽也大加變更。王莽改制引起社會混亂，促使農民起義和西漢宗室舊臣反對新朝的鬥爭不斷發生。

蕭何

蕭何，漢族，西漢初期政治家，漢初三傑之一，早年任秦沛縣獄吏，秦末輔佐劉邦起義。攻克咸陽後，諸將皆爭奪金銀財寶，他卻接收了秦丞相、御史府所藏的

律令、圖書，掌握了全國的山川險要、郡縣戶口，並知民間疾苦，對日後制定政策和取得楚漢戰爭勝利起了重要作用。

項羽稱王後，蕭何勸說劉邦接受分封，立足漢中。劉邦為漢王，以蕭何為丞相，蕭何極力推薦韓信為大將軍，還定三秦。

楚漢戰爭時，他留守關中，侍太子，為法令約束，使關中成為漢軍的鞏固後方，不斷地輸送士卒糧餉支援作戰，對劉邦戰勝項羽，建立漢朝起了重要作用。惠帝二年（西元前193年）卒，謚號「文終侯」。

韓信

漢朝楚王韓信，漢族，淮陰（時稱淮陰，今江蘇省淮安市楚州區）人，楚王、上大將軍。楚州區留有與胯下之辱相關的「胯下橋」遺址，並在鎮淮樓東側建有韓侯祠紀念館。

西漢開國功臣，初屬項羽，後歸劉邦。中國歷史上偉大軍事家、戰略家、統帥和軍事理論家。中國軍事思想「謀戰」派代表人物，卒於西元前196年。

董仲舒

董仲舒（西元前179年～104年），董子，漢代思想家，政治家。為儒學取得正統地位作出巨大貢獻。是西漢一位與時俱進的思想家，西漢時期著名的唯心主義哲學家和今文經學大師。

董仲舒以《公羊春秋》為依據，將周代以來的宗教天道觀和陰陽、五行學說結合起來，吸收法家、道家、陰陽家思想，建立了一個新的思想體系，成為漢代的官方統治哲學，對當時社會所提出的一系列哲學、政治、社會、歷史問題，給予了較為系統的回答。

司馬遷與《史記》

司馬遷（約西元前135～漢武帝末年），字子長，中國西漢偉大的史學家、文學家，思想家，所著《史記》是中國第一部紀傳體通史，被魯迅稱為「史家之絕唱，無韻之離騷」。

司馬遷是西漢夏陽龍門人。夏陽（今陝西韓城南），縣名，靠近龍門。所以司馬遷自稱「遷生龍門」（太史公自序）。龍門，龍門山，很有名氣。傳說大禹曾在龍

門開山治水。龍門山的南面是黃河。司馬遷的家正好在
黃河、龍門之間。當地名勝古跡很多。司馬遷從小在飽
覽山河名勝的同時，也有機會聽到許多歷史傳說和故事。

《太初歷》

西漢初年，沿用秦朝的《顓頊歷》。但《顓頊歷》
有一定的誤差。西元前104年，天文學家落下閎、鄧平
等人制訂了《太初歷》。

《太初歷》規定一年等於365.2502日，一月等於
29.53086日；將原來以十月為歲首改為以正月為歲首；
定正月初一為元旦；開始採用有利於農時的二十四節
氣；以沒有中氣的月分為閏月，調整了太陽周天與陰曆
紀月不相合的矛盾。這是中國曆法上一個劃時代的進步。

《太初歷》還根據天象實測和多年來史官的記錄，
得出一百三十五個月的日食週期。《太初歷》不僅是中
國第一部比較完整的曆法，也是當時世界上最先進的曆
法，它問世以後，一共行用了一百八十九年。

《公羊傳》

　　《公羊傳》亦稱《春秋公羊傳》、《公羊春秋》，是專門解釋《春秋》的一部典籍，其起迄年代與《春秋》一致，即西元前722年至481年，其釋史十分簡略，而著重闡釋《春秋》所謂的「微言大義」，用問答的方式解經。《公羊傳》的作者舊題是戰國時齊人公羊高，他受學於孔子弟子子夏，後來成為傳《春秋》的三大家之一。

絲綢之路

　　絲綢之路是指西漢張騫出使西域開闢的以長安（今西安）為起點，經甘肅、新疆，到中亞、西亞，並聯結地中海各國的陸上通道（這條道路也被稱為「西北絲綢之路」以區別日後另外兩條冠以「絲綢之路」名稱的交通路線）。因為由這條路西運的貨物中以絲綢製品的影響最大，故得此名（而且有很多絲綢都是我們中國運的）。其基本走向定於兩漢時期，包括南道、中道、北道三條路線。絲綢之路是歷史上橫貫歐亞大陸的貿易交通線，促進了歐、亞、非各國和中國的友好往來。

漢初三傑

　　漢初三傑是指張良、蕭何、韓信。正是由於他們的全力輔佐，劉邦才能擊敗強大的「西楚霸王」項羽，建立西漢。劉邦當上皇帝後曾這樣說：「出謀劃策，決勝千里，我比不上張良；治理國家，安撫百姓，籌集糧餉，我比不上蕭何；率領百萬大軍，戰必勝，攻必克，我比不上韓信。這三個人都是絕頂聰明的人，我能夠重用他們，這就是我得天下的原因」。

三綱五常

　　三綱五常是漢代政治道德、社會道德、家庭道德以及個人道德的總概括。「三綱」是指「君為臣綱，父為子綱，夫為妻綱」，要求為臣、為子、為妻的必須絕對服從於君、父、夫，同時也要求君、父、夫為臣、子、妻作出表率。它反映了封建社會中君臣、父子、夫婦之間的一種特殊的道德關係。「五常」即仁、義、禮、智、信，是用以調整並規範君臣、父子、兄弟、夫婦、朋友等人倫關係的行為準則。

西漢烽火台

　　西漢初，北方匈奴多次南犯。武帝為消除北方邊患，在主動出擊匈奴的同時，大規模重築長城、復繕秦長城、增築河西長城和塞外列城。漢長城的總長度約1萬公里，是中國古代最長的長城。烽火台，遇險報警，平時傳信，緊急時烽煙傳千里，為漢朝統治西域三十六國作出了不可磨滅的貢獻。

◆ 東漢

光武中興

　　劉秀稱帝後規定戰爭期間被賣為奴婢者免為庶人，未釋放的官私奴婢必須有基本的人身保障。建武十一年，連下三次詔令，規定殺奴婢者不得減罪；炙灼奴婢者依法治罪；免被炙灼的奴婢為庶人；廢除奴婢射傷人處極刑的法律。恢復西漢較輕的田稅制，實行三十稅一。遣散地方軍隊，廢除更役制度，組織軍隊屯墾。簡

政減吏，裁併400多縣。放免刑徒為庶民，用於邊郡屯田。建武十五年，下令度田、檢查戶口，加強封建國家對土地和勞動力的控制。加強中央集權，對功臣賜優厚的爵祿，但禁止他們干政；排斥三公，加重原在皇帝左右掌管文書的尚書之權，全國政務經尚書檯總攬於皇帝，在地方上廢除掌握軍隊的都尉。種種措施，使東漢初年出現了社會安定、經濟恢復、人口增長的局面，因此劉秀統治時期，史稱「光武中興」。

班超出使西域

74年開始，東漢班超曾奉命多次出使西域，並聯絡各國對抗匈奴。直到91年為止，他成功的驅逐了北匈奴的勢力，收服了龜茲、姑墨等西域諸國，被封為西域都護。94年，西域地區的50多個國家都臣服於漢朝。

投筆從戎

「投筆從戎」講的是東漢的班超的故事。班超是東漢一個很有名氣的將軍，他從小就很用功，對未來也充滿了理想。有一天，他正在抄寫文件的時候，寫著寫

著，突然覺得很悶，忍不住站起來，丟下筆說：「大丈夫應該像傅介子、張騫那樣，在戰場上立下功勞，怎麼可以在這種抄抄寫寫的小事中浪費生命呢！」班超決定學習傅介子、張騫，為國家作貢獻。

後來，他當上一名軍官，在對匈奴的戰爭中，得到勝利。接著，他建議和西域各國來往，以便共同對付匈奴。朝廷採取他的建議，就派他帶著數十人出使西域。在西域的30多年中，他靠著智慧和膽量，度過各式各樣的危機。

班超一生總共到過50多個國家，和這些國家保持和平，也同時宣揚了漢朝的國威。

佛教傳入中國

佛教傳入中國最早的時間，據記載是西漢末。佛教始傳的另一學說是東漢明帝時：明帝永平十年，蔡愔赴西域訪求佛法返國，邀得大月氏迦葉摩騰、竺法蘭來華，並以白馬馱回佛像及經卷。

其後明帝在洛陽興建了中國早期的佛寺白馬寺，作供奉佛像及佛法之用。綜合以上兩種說法，佛教之初應在兩漢之間，約西元1世紀左右。

十常侍專權

漢靈帝時的宦官集團，人稱「十常侍」，其首領是張讓和趙忠。他們玩小皇帝於股掌之上，以至靈帝稱「張常侍是我父，趙常侍是我母」。十常侍自己橫徵暴斂，賣官鬻爵，他們的父兄子弟遍佈天下，橫行鄉里，禍害百姓，無官敢管。人民不堪剝削、壓迫，紛紛起來反抗。當時一些比較清醒的官吏，已看出宦官集團的黑暗腐敗，導致大規模農民起義的形勢。郎中張鈞在給皇帝的奏章中明白指出，黃巾起義是外戚宦官專權逼出來的，他說：「張角所以能興兵作亂，萬人所以樂附之者，其源皆由十常侍多放父兄、子弟、婚宗、賓客典據州郡，辜搉財利，侵略百姓，百姓之怨無所告訴，故謀議不軌，聚為『盜賊』。」

黨錮之禍

東漢桓帝、靈帝時，宦官專權，世家大族李膺等聯結太學生抨擊朝政。西元166年，宦官將李膺等逮捕，後雖釋放，但終身不許做官。靈帝時，外戚解除黨禁，欲誅滅宦官，事洩。宦官於169年將李膺等百餘人下獄

處死，並陸續囚禁、流放、處死數百人。後靈帝在宦官挾持下下令凡「黨人」的門生故吏、父子兄弟，都免官禁錮。歷史上稱為「黨錮之禍」。

黃巾軍起義

東漢末年，社會危機日益深重，廣大農民與豪強地主及封建國家的矛盾激化。黃巾起義正是在農民鬥爭蓬勃開展的基礎上爆發的。張角廣泛傳播「蒼天已死，黃天當立，歲在甲子，天下大吉」的讖語。中平元年（184年），因叛徒告密，張角派人飛告各方提前起義。

黃巾軍的主力分散在鉅鹿、潁川、南陽等地，他們各自為戰，攻城奪邑，焚燒官府，取得了很大勝利。與此同時，各地還出現了許多獨立的農民武裝。但黃巾軍各自為戰，缺乏戰鬥經驗，以致東漢王朝能集中兵力各個擊破。

黃巾起義和在它影響下的各族人民起義，持續了20多年。由於起義農民本身的弱點，起義被殘酷鎮壓，但在農民起義的打擊下，腐朽的東漢王朝已名存實亡。

▌ 董卓之亂

189年，軍閥董卓以討伐宦官為名，率軍進入京城，並領何進所屬部下，又使呂布殺時任執金吾的丁原，併吞其眾，自己還誅殺大臣。由此勢力大盛，得以據兵擅政。

他廢黜少帝，立陳留王劉協為獻帝，並自任太尉領前將軍事，更封為郿侯，進位相國。又逼走袁紹等人，獨攬軍政大權。董卓放縱士兵在洛陽城中大肆劃虜資物，淫掠婦女，以致人心恐慌，內外官僚朝不保夕。

192年，董卓被設計殺死，不過此時東漢王朝已經名存實亡了，漢獻帝也成了割據軍閥的傀儡。

▌ 張衡

張衡（78年～139年），字平子，南陽西鄂（今河南南陽市石橋鎮）人，漢族。他是中國東漢時期偉大的天文學家，為中國天文學的發展作出了不可磨滅的貢獻；在數學、地理、繪畫和文學等方面，張衡也表現出了非凡的才能和廣博的學識。

張衡觀測記錄了兩千五百顆恆星，創制了世界上第

一架能比較準確地表演天象的漏水轉渾天儀，第一架測試地震的儀器——候風地動儀，還製造出了指南車、自動記里鼓車、飛行數里的木鳥等等。

張衡共著有科學、哲學、和文學著作三十二篇，其中天文著作有《靈憲》和《靈憲圖》等。

華佗

華佗，東漢末醫學家，漢族。字元化。不求名利，不慕富貴，使華佗得以集中精力於醫藥的研究上。人們稱他為「神醫」。他曾把自己豐富的醫療經驗整理成一部醫學著作，名曰《青囊經》，可惜沒能流傳下來。

但不能說，他的醫學經驗因此就完全湮沒了。因為他許多有作為的學生，如以針灸出名的樊阿，著有《吳普本草》的吳普，著有《本草經》的李當之，把他的經驗部分地繼承了下來。

至於現存的華佗《中藏經》，那是宋人的作品，用他的名字出版的。但其中也可能包括一部分當時尚殘存的華佗著作的內容。

蔡倫

蔡倫，（63年～121年），字敬仲，東漢桂陽郡人。漢和帝時，蔡倫入宮做皇帝的侍從，後來升任「尚方令」，負責管理皇室工場，監造各種器械。

東漢和帝元興元年（105年），蔡倫在總結前人製造絲織品的經驗的基礎上，在洛陽發明了用樹皮、破漁網、破布、麻頭等做原料，製造成了適合書寫的植物纖維紙，才使紙成為普遍使用的書寫材料。。

張仲景

張仲景（150年～219年）名機，被人稱為醫聖。南陽郡涅陽（今河南省鄧州市穰東鎮張寨村，另說河南南陽市）人。寫出了傳世巨著《傷寒雜病論》。

張仲景從小嗜好醫學，「博通群書，潛樂道術。」當他十歲時，就已讀了許多書，特別是有關醫學的書。他的同鄉何顒賞識他的才智和特長，曾經對他說：「君用思精而韻不高，後將為良醫」。

後來，張仲景果真成了良醫，被人稱為「醫中之聖，方中之祖。」年輕時曾跟同郡張伯祖學醫。經過多

年的刻苦鑽研和臨床實踐，醫名大振，成為中國醫學史
上一位傑出的醫學家。

《説文解字》

　　《說文解字》是東漢許慎所撰。《說文解字》開創
了部首檢字的先河，後世的字典大多採用這個方式。段
玉裁稱這部書「此前古未有之書，許君之所獨創」。許
慎根據文字的形體，創立540個部首，將9353字分別歸
入540部。540部又據形系聯歸並為14大類。

　　字典正文就按這14大類分為14篇，卷末敘目別為一
篇，全書共有15篇。《說文解字》共15卷，其中包括序
目1卷。許慎在《說文解字》中系統地闡述了漢字的造
字規律——六書。

《九章算術》

　　《九章算術》共收有246個數學問題，分為九章。
分別是：方田、粟米、衰分、少廣、商功、均輸、盈不
足、方程、勾股。

　　《九章算術》是世界上最早系統敘述了分數運算的

著作；其中盈不足的算法更是一項令人驚奇的創造；
「方程」章還在世界數學史上首次闡述了負數及其加減
運算法則。

漢賦

漢賦是在漢代湧現出的一種有韻的散文，它的特點
是散韻結合，專事鋪敘。從賦的形式上看，在於「鋪采
摛文」；從賦的內容上說，側重「體物寫志」。漢賦的
內容可分為5類：一是渲染宮殿城市；二是描寫帝王遊
獵；三是敘述旅行經歷；四是抒發不遇之情；五是雜談
禽獸草木。而以前二者為漢賦之代表。賦是漢代最流行
的文體。在兩漢400年間，一般文人多致力於這種文體
的寫作，因而盛極一時，後世往往把它看成是漢代文學
的代表。

《孔雀東南飛》

《孔雀東南飛》是中國文學史上第一部長篇敘事
詩，也是中國古代史上最長的一部敘事詩，是中國古代
民間文學中的光輝詩篇之一。《孔雀東南飛》故事的兩

個主人翁以其對愛情的堅貞不渝而贏得千古文人墨客的讚歎，主人翁的墓地在安徽省懷寧縣小市鎮糧站前方，經後人的修繕，現已經成為一處免費供遊人憑弔的風景地。為了拍攝相關電視，在小市鎮建成了「孔雀東南飛影視基地」，這個名不見經傳的小鎮開始名揚海外。

「三教九流」

「三教」指的是儒、釋、道三種教派。儒，孔子所創，並非宗教，而漢儒為了抬高孔子的地位，把儒家學說渲染的像宗教一樣，就被人們看作宗教了。釋，指東漢時傳入中國的佛教，以其為印度釋迦牟尼所創而簡稱為釋。道，是東漢時創立的一種宗教，講究煉丹修道，尋求長生不老之法。河南嵩陽書院裡有一尊三神像，在一個頭上雕出了孔子、老子和釋迦牟尼的面孔。

「九流」的說法，最早見於《漢書‧藝文志》，指的是春秋戰國時代的儒、墨、道、法、雜、農、陰陽、縱橫等學術流派。後來人們把宗教、學術中的各種流派統稱之為「三教九流」。隨著時間的推移，人們又把它作為貶義詞，泛指那些在江湖上從事各種行當的人。

4. 三國兩晉南北朝時期

◆ 魏

挾天子以令諸侯

西元196年，漢獻帝從長安返回洛陽。經過董卓之亂的洛陽已經是一片殘破，糧食匱乏。在洛陽，皇帝和百官的飲食起居甚至形同乞丐。曹操在得知這一消息後，果斷地採納謀士毛玠「奉天子以令不臣」的建議，想方設法把皇帝從洛陽接到了自己的根據地許縣。並將許縣改為許都。從此以後，曹操以天子的名義向天下諸侯發號施令，掌握了巨大的政治優勢。

曹操

曹操（155年～220年）即魏武帝，字孟德，小名阿瞞、吉利，沛國譙縣（今安徽亳州）人。三國時期人（或東漢末年人），官爵至魏王、丞相、冀州牧。魏國

的締造者和奠基者。中華民族偉大的政治家、軍事家、文學家、詩人，漢族。

在政治軍事方面，曹操消滅了北方的眾多割據勢力，統一了中國北方大部分區域，並實行一系列政策恢復經濟生產和社會秩序，奠定了曹魏立國的基礎。

文學方面，在曹操父子的推動下形成了以三曹（曹操、曹丕、曹植）為代表的建安文學，史稱建安風骨，在文學史上留下了光輝的一筆。曹丕代漢後，曹操被尊稱為「大魏武皇帝」，廟號「魏太祖」。

屯田制

196年，曹操採納棗祗、韓浩的建議，在許都（今河南許昌）附近進行屯田。屯田的土地是無主和荒蕪的土地。勞動力、耕牛、農具是鎮壓黃巾起義中擄獲的，有一部分勞動力號稱為招募其實是被迫而來的。

曹魏屯田對安置流民、開墾荒地、恢復農業生產發揮了重要的作用，為曹操統一北方創造了物質條件。但屯田制的剝削較重，屯田農民被束縛在土地上，身份不自由，屯田士兵則更加艱苦。

租調制

　　曹操進駐冀州後頒行租調制，對土地所有者（包括自耕農和地主），每畝土地徵收田租谷四升。每戶徵收戶調絹二匹、綿二斤。戶調取代漢代沉重的人頭稅，對農民有好處，也有利於大族豪強庇蔭佃客。操命令加重對豪強兼併行為的懲罰，但大族豪強兼併事實上難以阻止。北魏租調制規定：受田農民承擔定額租調，一夫一婦每年納粟2石，調帛或布1匹。丁男還要負擔一定的徭役。

官渡之戰

　　198年，袁紹擊敗公孫瓚，佔有青、幽、冀、並四州之地。196年，曹操把漢獻帝挾持到許昌，形成「挾天子以令諸侯」的局面，取得政治上的優勢。197年春，袁術在壽春（今安徽壽縣）稱帝。曹操即以「奉天子以令不臣」為名，進討袁術並將其消滅。接著又消滅了呂布，利用張揚部內訌取得河內郡。從此曹操勢力西達關中，東到兗、豫、徐州，控制了黃河以南，淮、漢以北大部地區，從而與袁紹形成沿黃河下游南北對峙的局

面。袁紹的兵力在當時遠遠勝過曹操，自然不甘屈居於曹操之下，他決心同曹操一決雌雄。199年6月，袁紹挑選精兵10萬，戰馬萬匹，企圖南下進攻許昌，官渡之戰的序幕由此拉開。

曹操稱魏王

自從曹操統一了北方以後，便加快了取代漢室的步伐。他首先清除了傾向於東漢王朝的力量，又於208年廢三公官制，自封為丞相，總攬軍政大權。216年，漢獻帝被迫封曹操為魏王。雖然曹操始終沒有正式稱帝，但他已經為曹氏伐漢稱帝做好了準備。

曹丕稱帝

220年，曹操病逝，其子曹丕繼位當了丞相和魏王。當時東漢已完全淪為曹魏的傀儡王朝，曹丕又實行九品中正的選官制度，得到世家大族的支持。同年十月，曹丕迫使漢獻帝讓位，即位為帝，定國號為魏，改元黃初，定都洛陽，並追尊曹操為武皇帝。

九品中正制

　　九品中正制是魏晉南北朝時期一種重要的官吏選拔制度。是魏文帝曹丕為了拉攏士族而採納陳群的意見。這一制度創始於曹魏，發展成熟於兩晉，衰落於南北朝時期，廢除於隋朝，隨之科舉制形成。中正的職權主要是評議人物，其標準有三：家世、道德、才能。家世又稱「簿閥」、「簿世」，指被評者的族望和父祖官爵。中正對人物的道德、才能只作概括性的評語，稱為「狀」。品共分為九等，即上上、上中、上下、中上、中中、中下、下上、下中、下下。

司馬懿平東遼

　　東漢末年，遼東太守公孫度自稱遼東侯，擁兵割據遼東。他對曹操時叛時降，保持著半獨立的地位。公孫度的孫子公孫淵繼承了遼東太守之後，自立為燕王，對魏形成了威脅。238年春，魏明帝派太尉司馬懿率兵平定了遼東。此舉從根本上掃除了魏國北方的威脅，為後來司馬氏奪取曹氏的政權奠定了基礎。

高平陵事變

魏明帝病死，司馬懿與魏宗室、大將軍曹爽共執朝政，政治矛盾日益尖銳。曹爽表請將司馬懿轉為太傅閒職，剝奪兵權，又安排心腹何晏、丁謐等人執掌機要，竭力排斥司馬懿在朝中勢力。司馬懿裝病不起，有意麻痺曹爽，暗中策劃。

249年正月，司馬懿乘曹爽兄弟隨魏帝祭掃明帝高平陵（在洛陽南）之機，發動政變。奪取武庫，派長子司馬師屯兵司馬門，自己和太尉蔣濟出兵屯洛水浮橋，斷絕曹爽歸路。又迫郭太后下令廢曹爽兄弟官職，先聲奪人。派人送奏章給魏帝，要求罷免曹爽兄弟。

曹爽猶豫不決，最終為求活命而同意交出大權，以侯還第。數日後，司馬懿以謀反罪名族誅曹爽兄弟及親信何晏、丁謐、畢軌等人。自此以後，曹魏政權實際落入司馬氏集團手中。

竹林七賢

魏晉時期7位名士的合稱，成名年代較「建安七子」晚一些。包括：魏正始年間（240年~249年）嵇康、阮

籍、山濤、向秀、劉伶、王戎及阮咸。7人常聚在當時的山陽縣（今河南修武一帶）竹林之下，肆意酣暢，故世謂竹林七賢。

玄學興起

　　玄學是三國、兩晉時期興起的、以綜合道家和儒家思想學說為主的哲學思潮，故通常也稱之為「魏晉玄學」。玄學把《周易》、《老子》、《莊子》稱作「三玄」。玄學家們用他們改造過了的老、莊思想來註解儒家的《論語》、《周易》，對已經失去維繫人心作用的兩漢經學作了改造，建立起了「以無為本」的哲學本體論。儒家的「禮法」、「名教」、「天道」、「人道」等思想，雖然也是玄學所討論的內容，但其主旨卻是道家的，即強調崇高的是「無」、「自然」和「無為」。

◆ 蜀漢

三顧茅廬

　　在官渡之戰前夕，劉備被曹操所逼，投靠了荊州牧劉表，率軍駐紮在樊城（今湖北襄樊）。為了發展自己的力量，劉備在別人推薦之下，親自到隆中（今湖北襄

陽）拜訪具有濟世之才的諸葛亮，連去了三次才如願以償。諸葛亮為劉備制定了發展戰略，並出山開始了輔佐劉備的生涯。

劉備稱帝

劉備為漢景帝之子中山靖王劉勝的後代。赤壁之戰後，三國分立已成大勢，但由於漢獻帝劉協正統名分的存在，曹操、劉備、孫權在10餘年間都沒有公開稱帝。220年後，曹丕代漢後，謠傳漢獻帝已死於曹丕之手，於是蜀中文臣武將紛紛上表，進勸劉備早即皇位，以繼漢統。於是次年劉備在成都即皇帝位，繼續以「漢」為國號，建元章武，以諸葛亮為丞相，封吳氏為皇后，立劉禪為太子。

劉備

劉備（161年～223年）字玄德，漢昭烈帝，三國時期的政治家。漢族，涿郡（今河北省涿州）人，漢中山王劉勝的後代，為三國蜀國君王。東漢靈帝末年，與關羽、張飛一道討黃巾軍有功，遂為安喜寨縣尉。密誅曹

操不成潛逃。三顧茅廬始得諸葛亮輔佐。後投靠孫權大勝曹操於赤壁，入侵奪取益州與南中，自立為西蜀國王。

221年，於成都即位自稱漢皇帝，年號章武。伐東吳兵敗，損失慘重，退回白帝城，因病崩逝，享年六十三，諡號昭烈帝，史稱為劉先主。

關羽

關羽，字雲長，本字長生，身長約1.98米，并州河東解縣人（今山西運城市），漢族。一直是歷來民間崇祀的對象，東漢末年劉備麾下著名將領，前將軍，漢壽亭侯。

演義中為五虎上將之首，與劉備，張飛桃園結義。死後受民間推崇，又經歷代朝廷褒封，被人奉為關聖帝君，佛教稱為伽藍菩薩，尊稱為「關公」。

被後來的統治者崇為「武聖」，與號為「文聖」的孔子齊名。有「千里走單騎」「單刀赴會」「溫酒斬華雄」「過五關斬六將」的佳話。卒於220年。

趙雲

趙雲，三國常山真定（今河北正定南）人，字子龍。三國時期蜀漢名將。追隨劉備，功績卓著。有勇有謀，善始善終。卒於229年，追諡為順平侯。初從公孫瓚，後歸劉備。曹操取荊州，劉備敗於當陽長阪，他力戰救護甘夫人和備子劉禪。劉備得益州，任為翊軍將軍，從攻漢中。建興六年（228年），從諸葛亮攻關中，分兵拒曹真主力，以寡不敵眾，退回漢中，次年卒。他曾以數十騎拒曹操大軍，被劉備譽為「一身都是膽」。

馬謖失街亭

蜀國街亭為漢中咽喉要地，諸葛亮派將駐守。馬謖請令，諸葛亮再三叮囑須靠山近水紮營，並令王平輔之。馬謖剛愎自用，違令，又不聽王平諫言，竟在山頂紮營，因而被魏將所敗，街亭失守。馬謖不遵諸葛亮將令，失守街亭，與王平回營請罪。諸葛亮雖惜其才，但以軍法無私，揮淚斬之，並因用人失當，上表自貶。

鄧芝赴吳

劉備死後，吳蜀關係日益緊張，而魏國的國勢如日中天。形勢對蜀國相當不利，鄧芝臨危受命，出使吳國，希望恢復聯盟，共同抗曹。孫權設鼎陳戈，殺氣騰騰接見鄧芝，鄧芝從容不迫，含笑而入，見孫權長揖而拜，侃侃而談，終於消除了對抗的因素，順利地說服了孫權，完成了諸葛亮交給他的使命。鄧芝不僅在「東聯孫吳北拒曹魏」戰略上立下功勞，而且終身不置私產，臨死時家無餘財，可算是清正廉潔。

白帝托孤

蜀國皇帝劉備的結拜兄弟關羽敗走麥城，死於刀下後，劉備為他報仇，不聽眾臣勸阻，起兵討伐東吳。途中另一個結拜兄弟、伐吳先鋒——張飛喪身叛將范疆、張達手中，劉備憤而不謀，催兵猛進。章武二年夏六月，被東吳大將陸遜用計火燒七百里軍營，在敗於彝陵虎亭之地，因而退守到白帝城中。三國久未統一，兩弟先後喪命，大軍新遭重創，國事私仇使劉備憂憤成疾，眼看朝不保夕，乃招丞相諸葛亮星夜趕至。在永安宮

中，劉備把兒子劉禪（阿斗）委託於諸葛亮。然後便一命歸天了。

鄧艾滅蜀

263年10月，魏將鄧艾率軍伐蜀。一路上，過高山，越深谷，行軍非常艱難。經20多天，走了700餘里，幾次陷於絕境。走到江油北面摩天嶺時，碰到懸崖絕壁，不能前進。鄧艾下令將武器裝備先丟下山崖，然後用毯子裹著身體帶頭滾下山去。諸將在鄧艾帶動下，相繼滾身下山。沒有毯子的士兵，便用繩索拴在腰間，抓著樹籐，一個接著一個地前進。越過摩天嶺後，鄧艾率軍直奔江油城。蜀將馬邈反擊未及，不戰而降。

樂不思蜀

蜀後主劉禪投降後，司馬昭設宴款待，先以魏樂舞戲於前，蜀官傷感，獨有後主有喜色。司馬昭令蜀人扮蜀樂於前，蜀官盡皆落淚，後主嬉笑自若。酒至半酣，司馬昭謂賈充曰：「人之常情，乃至於此！雖諸葛孔明在，亦不能輔之久全，何況姜維乎？」乃問後主曰：

「頗思蜀否？」後主曰：「此間樂，不思蜀也。」人們常把樂以忘返或樂而忘本，無故國故土之思，稱作「樂不思蜀」。這個典故就產生於三國時的洛陽。

◆ 吳

孫策定江東

孫策率領數千兵馬於195年前往江東，擊潰了揚州刺史，成功地在江東壯大了自己的勢力。196年，孫策攻下會稽（今浙江紹興），在接下來的幾年間，又先後削平了當地的割據勢力，大體上統一了江東。200年，孫策遇刺身亡，但他為弟弟孫權在江南建國打下了良好的基礎。

赤壁之戰

曹操統一北方後，欲南下完成統一大業。208年，曹操率水陸大軍由江陵（今屬湖北）順江而下。諸葛亮奉劉備之命，聯絡江東，與孫權聯兵抗曹，遂與曹軍相

遇於赤壁。曹軍初戰不利，將軍隊撤回長江北岸。

　　孫、劉聯軍利用曹軍遠來疲憊、驕傲輕敵、不習水戰、瘟疫流行之機，派黃蓋詐降。採用火攻的戰法突襲曹軍。曹軍大亂，奪岸紛逃。孫權大將周瑜與劉備主力軍，隨即水陸並進，追擊堵截曹操，曹軍全線崩潰。

　　赤壁之戰後，曹操無力再戰，率殘兵逃回江陵。赤壁之戰奠定了三國鼎立的局面。

▌▌呂蒙襲取荊州

　　219年，關羽在樊城之戰中水淹七軍，威震華夏。曹操暗中派人聯絡孫權，雙方達成了前後夾擊關羽的密謀。

　　孫權為了麻痺關羽，派不出名的陸遜來代替大將呂蒙駐守陸口（今湖北嘉魚）。關羽看不起陸遜，果然上當，抽調守軍支援襄樊前線。這時呂蒙趁機率領精兵偷襲，很快奪取了蜀漢佔據的荊州地區。

　　關羽急忙回撤，結果敗走麥城（今湖北當陽），最後全軍潰散，關羽及其兒子關平都被斬殺。

夷陵之戰

夷陵之戰，又稱彝陵之戰、猇亭之戰。夷陵之戰是三國史上三大戰役之一。爆發於222年，是三國時期吳國（孫權）和蜀漢（劉備）為爭奪戰略要地荊州八郡而進行的一場戰爭，也是中國古代戰爭史上一次著名的積極防禦的成功戰例。

衛溫救夷州

230年，孫權派將軍衛溫等人率領船隊出海尋找夷州（即台灣）。船隊歷盡艱辛，終於抵達了台灣南部。他們在島上停留數日後，擄得數千人而回。這是大陸王朝與台灣島的最早一次交往，此後，雙方的海船頻繁來往於兩岸，台灣成為中國領土不可分割的一部分。

袁紹

袁紹，字本初，東漢大將軍、鄴侯、太尉。汝南汝陽（今河南周口西南）人。東漢末年群雄之一，出身名

門望族。190年，關東州郡牧守聯合起兵以討董卓，袁紹被推為關東軍盟主，自號車騎將軍。董卓不久被殺。關東軍內部開始互相兼併。袁紹奪取冀州牧韓馥地盤，自領冀州牧，此後又奪得青州、并州。199年消滅幽州公孫瓚。至此袁紹已據黃河下游四州，領眾數十萬，成為當時中國勢力最強的一方諸侯。不久袁紹被冊封為大將軍、太尉，領河北四州牧。同年，袁紹準備向曹操發起進攻，直搗許都，劫奪漢帝。監軍沮授、謀士田豐勸其進屯黎陽，據守黃河，以逸待勞，遣精騎以騷擾曹軍，俾不出3年可擊敗曹操。而以郭圖、審配為代表的一部分將領主張迅速決戰。袁紹採納後者的意見，五年，發佈討曹檄文，率10萬大軍進軍黎陽。當年與曹操決戰於官渡，大敗，主力7萬多被消滅，只與其長子袁譚帶800多騎敗回河北。兩年後（202年）慚憤病死，諸子亦敗滅，所據之地盡併於曹操。

孫策

　　孫策（175年～200年）字伯符，吳郡富春（今浙江富陽）人，漢族。孫堅之子，孫權長兄。東漢末年割據江東豪強，漢末群雄之一。綽號「小霸王」。孫權稱帝

后，追諡他為長沙桓王。孫策是孫堅長子，孫堅娶錢塘吳姓女子為妻，生有四子一女，四子依次是孫策、孫權、孫翊、孫匡。

周瑜

周瑜（175年～210年）字公瑾。東漢末年東吳集團將領，傑出的軍事家。盧江舒人（今安徽盧江西南）。漢族，美姿容，精音律，身長八尺有餘約1.89米，多謀善斷，胸襟廣闊。208年赤壁之戰中大敗曹軍，奠定三分天下基礎。後圖進中原，不幸早逝。

孫權

孫權（182～252年），吳郡富春縣（今浙江富陽）人，漢族，字仲謀，即東吳大帝，三國時吳國開國皇帝。中國傑出的政治家、軍事家。父孫堅，是春秋時大軍事家孫子之後。任長沙太守，封破虜將軍。兄孫策，為討逆將軍，封吳侯。孫權生於182年，200年繼位為討逆將軍，正式統治東吳。229年，孫權自稱吳國皇帝，改國號大吳，東吳王朝正式建立。252年，孫權病逝，

終年71歲，謚號大皇帝，廟號太祖。在位30年，統治中國南方地區52年，長達半個世紀。

◆ 西晉

司馬炎稱帝

司馬昭殺曹髦之後，將自己封為晉王，做好了稱帝的準備。265年，司馬昭去世，他的兒子司馬炎繼位為晉王，命令魏的文武大臣都改任晉官。同年12月，司馬炎迫使魏帝讓位，正式稱帝，建國號為晉，定都洛陽，司馬炎就是晉武帝。

門閥制度

門閥制度是封建等級制中的一種特殊形式。形成於東漢，魏晉南北朝時盛行。中國古代官宦人家的大門外有兩根柱子，左邊的稱「閥」，右邊的叫「閱」，用來張貼功狀。後人就把世代為官的人家稱為閥閱、門閥世

族、士族。西漢武帝以後，崇尚儒學，官僚多以經術起家。他們授徒講學，門生故吏遍天下，形成一種社會力量，其子孫承家學，繼續為官。久而久之，到東漢中葉出現了世代為官的大姓豪族。

石王斗富

西晉的統治階級享有政治、經濟等特權，他們廣殖財貨，驕奢淫逸，競相炫耀。晉武帝的舅父王愷和荊州刺史石崇經常以斗富為樂，浪費了大量的財富。王愷以飴糖水洗碗，石崇就用蠟燭代柴，石崇用椒泥塗屋，王愷就用赤石脂泥做牆等。西晉的門閥士族糜爛腐化，從而使得階級矛盾迅速激化，並造成了西晉末年的天下大亂。

八王之亂

西晉時統治集團內部歷時16年之久的戰亂。戰亂參與者主要有汝南王司馬亮、楚王司馬瑋、趙王司馬倫、齊王司馬冏、長沙王司馬乂、成都王司馬穎、河間王司馬顒、東海王司馬越等八王。290年，晉武帝臨終時命

弘農大姓出身的車騎將軍、楊皇后的父親楊駿為太傅、
大都督，掌管朝政。繼立的晉惠帝是個白癡，即位後，
皇后賈南風為了讓自己的家族掌握政權，於291年與楚
王瑋合謀，發動禁衛軍政變，殺死楊駿，而政權卻落在
汝南王亮和元老衛瓘手中。賈後政治野心未能實現，當
年六月，又使楚王瑋殺汝南王亮，然後反誣楚王瑋矯詔
擅殺大臣，將瑋處死。賈後遂執政，於元康九年廢太子
遹，次年殺之。從此，諸王為爭奪統治權，展開極其凶
殘的內戰，史稱八王之亂。

永嘉之亂

304年，匈奴貴族劉淵在左國城（今山西離石）起
兵反晉，逐步控制并州部分地區，自稱漢王。306年，
晉惠帝死，司馬熾嗣位，是為懷帝，改元永嘉。劉淵遣
石勒等大舉南侵，屢破晉軍，勢力日益強大。劉淵，字
元海，新興縣匈奴人，冒頓之後，曹魏時改姓劉，祖父
為南匈奴單于，父劉豹為匈奴左部帥。西晉太康末劉淵
為北部都尉，後為建威將軍，五部大都督，受晉封為漢
光鄉侯。起兵反晉後自稱漢王，永嘉二年（308年）正
式稱帝。

劉淵死後，其子劉聰繼位。次年，劉聰遣石勒、王彌、劉曜等率軍攻晉，在平城（今河南鹿邑西南）殲滅十萬晉軍，又殺太尉王衍及諸王公。永嘉五年（311年），匈奴兵攻陷西晉京師洛陽，縱兵燒掠，殺王公士民三萬餘人，並俘虜了晉懷帝。史稱永嘉之亂。

西晉滅亡

晉愍帝司馬鄴14歲繼帝位，匈奴漢國中山王改打長安，316年，晉愍帝向中山王遞交降表。第二天，愍帝乘羊車，光著上身，口銜玉璧，帶著棺木，出長安東門，去中山王軍營投降。中山王以禮接待晉愍帝，焚燒了棺木，接受了玉璧，為他解開綁繩，表示接受他的投降。至此，西晉宣告滅亡。

太康體

指西晉時期一種詩風，或一種詩體。「太康」（280年～289年）為西晉武帝司馬炎的年號。太康前後是西晉文壇上比較繁榮的時期，眾多的作家都有不少傳世之作。太康詩歌一般以陸機、潘岳為代表。他們的詩歌比

較注重藝術形式的追求，講究辭藻華美和對偶工整。詩歌的技巧雖更臻精美，但有時過分追求形式，往往失於雕琢，流於拙滯，筆力平弱，是這一時期詩人的總風格。

陳壽與《三國誌》

陳壽（233年～297年），字承祚。西漢（今四川南充北）人。入晉後，任著作郎、治書侍御史等。太康元年（280年）晉滅吳後，他搜集魏、蜀、吳史料，終於撰成《三國誌》65卷。

《三國誌》以曹魏為正統，《魏志》列於全書之首，將魏的君主稱帝，敘入傳中。在中國古代紀傳體正史中，《三國誌》與《史記》、《漢書》和《後漢書》並稱為前四史。

◆ 東晉

永嘉南渡

永嘉（307年～313年）是晉懷帝司馬熾的年號。在永嘉之前，中原地區曾發生過長達十六年的八王之亂。

這次變亂直接招致了永嘉時期的民族鬥爭。匈奴和羯族的首領劉曜、石勒等率領部下，殘酷地屠殺漢人。永嘉四年（310年），劉曜在今河南東部攻下漢人塢堡一百餘處。同年，石勒在今湖北襄樊一帶攻下塢堡三十餘處。後又在苦縣寧平城（今河南鹿邑）擊敗晉軍主力，晉軍死者十餘萬人。同年，劉曜攻陷洛陽，縱兵大肆屠殺焚掠，洛陽化為灰燼。就在這樣的情況下，晉朝的官民實在無法忍受，大量南逃，史稱「永嘉南渡」。

五胡十六國

五胡十六國是指自西晉末年到北魏統一北方期間，曾在中國北部境內建立政權的五個北方民族及其所建立的政權。五胡指匈奴、鮮卑、羯、氐、羌。十六國指前涼、後涼、南涼、西涼、北涼、前趙、後趙、前秦、後秦、西秦、前燕、後燕、南燕、北燕、夏、後漢。

桓溫北伐

桓溫是晉明帝之婿，任都督荊梁四州諸軍事、荊州刺史。347年，他率軍入蜀，滅了氐人李氏的漢國，聲

威大震。後來他曾三次北伐。第一次是在永和十年（354年），他親率步騎四萬餘人，連破氐族苻堅軍，直抵霸上（今陝西長安東）。因軍糧不繼，未能攻克長安，退返襄陽。第二次北伐是在永和十二年（356年），桓溫擊敗羌族貴族姚襄，收復洛陽。第三次北伐是在太和四年（369年），桓溫率步騎五萬人大敗前燕軍，進抵枋頭（今河南浚縣）。可是前燕得到前秦的支援，截斷了晉軍的糧道，桓溫只得退兵，在退兵途中，晉軍遭到前燕騎兵的追擊，死傷三萬人。

淝水之戰

東晉的淝水之戰，是中國歷史上著名的以弱勝強的戰例。前秦軍被殲和逃散的共有70多萬。唯有鮮卑慕容垂部的3萬人馬尚完整無損。苻堅統一南北的希望徹底破滅，不僅如此，北方暫時統一的局面也隨之解體，再次分裂成更多的地方民族政權，鮮卑族的慕容垂和羌族的姚萇等他族貴族重新崛起，各自建立了新的國家，苻堅本人也在兩年後被姚萇俘殺，前秦隨之滅亡。此戰的勝利者東晉王朝雖無力恢復全中國的統治權，但卻有效地遏制了北方少數民族的南下侵擾，為江南地區社會經

濟的恢復和發展創造了條件。淝水之戰也成為以少勝多的著名戰例，載入軍事史，對後世兵家的戰爭觀念和決戰思想產生著久遠影響。

劉裕北伐

劉裕平定了桓玄之亂以後，逐漸掌握了東晉政權。409年，北方南燕政權出兵攻打東晉，劉裕為了建立個人威望，率軍北伐南燕，於第二年滅了南燕，收復了青州等地區。416年，劉裕再次北伐後秦，於次年八月攻陷長安，滅了後秦，收復了黃河以南的地區。

謝玄北府兵

謝玄是東晉名將，21歲時為大司馬桓溫的部將，後官至都督徐、兗、青、司、冀、幽、並七州諸軍事。有經國才略，善於治軍。東晉太元二年（377年），為抵禦前秦襲擾，經謝安薦為建武將軍、兗州刺史，領廣陵相，監江北諸軍事。他招募北來民眾中的驍勇之士，組建訓練一支精銳部隊，號為「北府兵」。

王羲之

王羲之（303年～361年），漢族，字逸少，號澹齋，原籍琅琊臨沂（今屬山東），後遷居山陰（今浙江紹興），官至右軍將軍，會稽內史，是東晉偉大的書法家。代表作品有：楷書《樂毅論》、《黃庭經》、草書《十七帖》、行書《姨母帖》、《快雪時晴帖》、《喪亂帖》、行楷《蘭亭集序》等。精研體勢，心摹手追，廣采眾長，冶於一爐，創造出「天質自然，丰神蓋代」的行書，被後人譽為「書聖」。其中，王羲之書寫的《蘭亭集序》為書家所敬仰，被稱作「天下第一行書」。

陶淵明

陶淵明（365年～427年），名潛，字元亮，自號五柳先生，死後其好友暗贈諡號「靖節先生」，潯陽人（一說宜豐人）。東晉著名文學家，田園詩人，辭賦家，散文家。因宅邊種植五棵柳樹所以號五柳先生，諡稱靖節居士，宜豐縣澄塘鎮秀溪村人。陶淵明29歲徙家柴桑，出任江州祭酒、鎮軍參軍。後任彭澤縣令。因不事權貴，棄官隱居栗裡（今星子縣境內）。52歲時偕少

子陶佟回歸宜豐故里，四年後返潯陽，逝於柴桑。陶佟留居故里。今澄塘鎮秀溪、故村等處陶姓人皆為陶佟之後裔。

士族

魏晉南北朝時期地主階級中部分享有政治、經濟特權的家族所構成的一個特殊階層。東漢以後逐漸形成，東晉及南朝時勢力鼎盛。他們佔有大量的土地和勞動力，世世代代高官，不與庶族通婚、共坐、交往。享有政治、經濟等各方面特權。南朝後期，庶族出身者雖逐漸掌握機要，但士族的社會影響直至唐初仍未衰落。

庶族

又稱「寒門」、「寒族」。魏、晉、南北朝時不屬於士族的家族，大多為普通中小地主。由於士族長期擁有政治特權，生活奢侈腐化，逐漸失去了統治能力，這時，庶族地主便以武職為陞官階梯，立了軍功，掌握軍權之後，進而取得了政權，這樣士族衰落，庶族興起，魏晉及南朝的朝代更替也是士族與庶族勢力消長的過程。

火藥

　　最早的火藥，即黑色火藥，用作引燃、引爆、發射和推進的一種藥劑，為中國古代四大發明之一。最早的火藥是東晉的黑火藥。唐代開始用於軍事。最早的火藥武器是火箭。

◆ 十六國

劉淵起兵

　　劉淵是匈奴左部帥劉豹之子。西晉末年八王之亂，社會動盪，匈奴貴族認為這是恢復匈奴的好機會，於是共推劉淵為大單于，於 304 年率眾起兵，定都左國城（今山西離石），改稱漢王，國號為漢。

　　308 年，劉淵改稱皇帝，遷都平陽。310 年劉淵病死，其子劉聰繼位。

胡漢分制

　　入居中原的少數民族政權，由於受中原文化和自身原來部落制的影響，因此在制度上就出現了雜糅胡族部落制與漢族官僚制於一體的變態體制。所謂胡漢分制，即民族分制，也就是對少數民族和漢族採取不同的統治方式。十六國時期，少數民族政權的最高統治者在稱王稱帝的同時，往往另置大單于一類舊時部族名號，由自己或太子、親信宗宰兼領，作為專門統治少數民族居民的最高領導。單于以下並有一套行政系統。

前趙與後趙

　　318年，劉聰死後由其子劉粲繼位，倒霉的劉粲剛一即位，就和他的家族一起，被手下的貴族幹掉了。這時候，劉聰的族弟劉曜，因出征在外，逃過一劫，聞訊自立為皇帝，並派兵到平陽，剿滅叛亂的貴族，遷都長安。319年，劉曜改國號為趙，史稱前趙。328年，劉曜被羯族將領石勒所建立的後趙政權攻擊，第二年，後趙大軍進軍長安，前趙滅亡。

王猛入前秦

王猛自小好讀兵書，十分博學。桓溫北伐時，王猛前來求見，兩人談起天下大勢，王猛邊談邊捉身上的虱子，旁若無人。桓溫撤兵時，請王猛一同南下，王猛堅持留在北方。後來，他受到前秦王的賞識，入前秦做官，並成為卓越的政治家。他明刑峻法，打擊豪強，政績顯著，使前秦出現了路不拾遺的局面。

王導

王導，（276年～339年），字茂弘，晉朝琅琊臨沂（今山東臨沂）人。琅琊王氏，從太保王祥以來，一直是名門望族，王祥族孫王衍累任至司空、司徒、太尉，是朝中數一數二的人物。王導是王衍的族弟。王導的祖父王覽，官光祿大夫；父親王裁，任鎮軍司馬。王導在少年時代就很有識量，陳留高士張公曾對他的從兄王敦說：此兒容貌志氣不凡，是將相的才氣。及長為司空劉寔所知，被任為東閣祭酒，遷秘書郎、太子舍人，後參東海王司馬越軍事。

◆ 南朝

劉裕代晉

劉裕是東晉北府兵的將領，在404年平定桓玄之亂後掌握了東晉大權。接著，他通過發動北伐，為自己樹立了威望。

420年，晉恭帝被迫讓位，劉裕即位稱帝，建立了南朝宋政權，劉裕就是宋武帝。

侯景之亂

梁武帝太清二年548年，高歡死，子高澄執政。侯景平素看輕高澄，而澄則忌憚景叛亂，乃徵調景入京，以剝奪其兵權。

侯景唯恐被殺，於是投降西魏，但西魏亦調景入京，故景轉而求降於蕭梁。梁朝臣多表示反對，而梁武帝竟說夜夢太平，侯景求降，正符所夢，於是封景為河南王、大將軍、大行台。侯景之亂可以說是腐敗政治的產物。

梁武帝出家

蕭衍（464年～549年），南北朝時期的南梁朝開國皇帝，在位48年。蕭衍原為南齊的雍州刺史，齊末內亂時，出兵建康，奪取帝位。南北朝時期是中國歷史上的一個分裂、內戰的時期。南、北方連年戰爭；南朝，也是一個個短命王朝走馬燈式的更替。梁武帝目睹了赤地千里、萬民流離的戰亂，苦苦尋覓治國濟民的良方。弱年時，他信奉道教；中年即帝位後三年，改奉佛教。他相信，慈悲為懷、普度眾生的佛祖，能夠佑護他的百姓，佑護他的南梁王朝。南梁天監十八年，梁武帝出家了。梁武帝，成了中國歷史上第一個出家的皇帝。

祖沖之

祖沖之（429～500年）是中國傑出的數學家，科學家。南北朝時期人，漢族人，字文遠。祖籍范陽郡遒縣（今河北淶水縣）。其主要貢獻在數學、天文曆法和機械三方面。在數學方面，他寫了《綴術》一書，被收入著名的《算經十書》中。祖沖之算出π的真值在3.1415926和3.1415927之間，成為當時世界上最先進的成就。

　　在天文曆法方面，祖沖之創制了《大明曆》，最早將歲差引進曆法；還發明了用圭表測量冬至前後若干天的正午太陽影長以定冬至時刻的方法。在機械學方面，他設計製造渦水碓磨、銅製機件傳動的指南車、千里船、定時器等等。

　　此外，他在音律、文學、考據方面也有造詣，他精通音律，擅長下棋，還寫有小說《述異記》。是歷史上少有的博學多才的人物。

《世說新語》

　　《世說新語》是南北朝時期的一部記述魏晉人物言談軼事的筆記小說。《世說新語》是由臨川王劉義慶組織一批文人編寫的。該書原名《世說》，又名《世說新書》，大約宋代以後才改稱今名。

　　全書原八卷，劉孝標注本分為十卷，今傳本皆作三卷，分為德行、言語等三十六門，記述自漢末到劉宋時名士貴族的遺聞軼事，主要為有關人物評論、清談玄言和機智應對的故事。

　　該書所記個別事實雖然不盡確切，但反映了門閥世族的思想風貌，保存了社會、政治、思想、文學、語言等方面史料，價值很高。

《文心雕龍》

古代文學理論著作。劉勰撰。成書於南朝齊和帝中興元年間。它是中國文學理論批評史上第一部有嚴密體系的,「體大而慮周」的文學理論專著。全書分五十篇,內容豐富,見解卓越,皆「言為文之用心」,全面而系統地論述了寫作上的各種問題。尤為難得的是對應用寫作也多有論評。粗略統計,全書論及的文體計有59種,而其中屬於應用文範疇的文體竟達44種,占文體總數的四分之三。

和尚為什麼吃素

在佛教初創時期,信徒不一定非要吃素。印度的佛教徒托首缽頭,當時四處乞食,根本沒有選擇素食的餘地。因此,佛祖雖然說過避免吃肉,不要殺生,但在律書《十誦律》裡也還是規定可以吃「三淨肉」,即自己沒有親眼看見、親耳聽到和不是為了自己想吃才殺的動物的肉都是可以食用的。一直到南朝梁武帝時期,僧人們才漸漸只吃素。

梁武帝蕭衍是一個虔誠的佛教徒,他認為食肉就是

殺生，違背了佛教「不殺生」的戒條。他發誓斷除酒肉，假如再喝酒吃葷，殺害生靈，甘願受鬼神制裁，並將墮落到阿鼻地獄；他又規定宗廟祭祀用麵粉替代牲畜。

梁武帝嚴格遵守誓言。他頭戴葛巾，身著布衣，腳穿草鞋，每天只吃豆羹粗飯。僧人們在梁武帝的帶動下，也嚴格吃素食，並以素食招待客人。時間一長，吃素就成了僧人們的習慣，而且逐漸成了寺院裡的一種必須遵守的戒律。

◆ 北朝

北魏建立

拓跋部最初活動於大興安嶺一帶，是鮮卑族的一支，東漢時興起，拓跋部逐漸向南遷移，勢力逐漸發展壯大起來。十六國時期，拓跋鮮卑曾建立代國，於376年被前秦所滅。

386年，拓跋珪重建代國，同年改國號為魏，史稱北魏，他被尊為太道武祖皇帝。

┃┃ 北魏均田制

　　北魏頒布的均田令由其前期在代北實行的計口授田制度演變而來，主要內容是：15歲以上男夫受露田40畝、桑田20畝，婦人受露田20畝。露田加倍或兩倍授給，以備休耕。身死或年逾70者將露田還官。桑田為世業田，不需還官，但要在3年內種上規定的桑、榆、棗樹。不宜種桑的地方，則男夫給麻田10畝（相當於桑田），婦人給麻田5畝。奴婢可與良人接受同樣數額的田地。

　　均田制的實行，促使北魏社會秩序穩定，土地面積得到大量開墾，促進了農業生產的發展。

┃┃ 《水經注》

　　《水經注》是西元6世紀北魏時酈道元所著，是以注《水經》而得名。是中國古代較完整的一部以記載河道水系為主的綜合性地理著作，在中國長期歷史發展進程中有過深遠影響，自明清以後不少學者從各方面對它進行了深入細緻的專門研究，形成了一門內容廣泛的「酈學」。

《齊民要術》

《齊民要術》是中國北魏的賈思勰所著的一部綜合性農書，也是世界農學史上最早的專著之一。是中國現存的最早最完整的農書。

書名中的「齊民」，指平民百姓。「要術」指謀生方法。《齊民要術》大約成書於北魏末年（533 年～534 年），《齊民要術》系統地總結了 6 世紀以前黃河中下游地區農牧業生產經驗、食品的加工與貯藏．野生植物的利用等，對中國古代農學的發展產生過重大影響。

北朝民歌

北朝民歌，產生於黃河流域，歌辭的作者主要是鮮卑族，也有氐、羌、漢族的人民。歌辭有的是用漢語，有的是用北方少數民族的語言，後被譯為漢語。主要是北魏以後用漢語紀錄的作品，大約是傳入南朝後由樂府機關採集而存的，傳世的約六十多首，以《敕勒歌》最為著名。

歌辭的主要內容，有的反映戰爭和北方人民的尚武精神（如《木蘭詩》），有的反映人民的疾苦，有的反

映婚姻愛情生活，有的描寫北方特有的風光景色（如
《敕勒歌》）。它內容豐富，語言質樸，風格豪放；形
式上以五言四句為主，也有七言四句的七絕體和七言古
體及雜言體，對唐代的詩歌的發展有較大影響。北朝民
歌主要收錄在《樂府詩集》中。今存 60 多首。

雲岡石窟

　　雲岡石窟始建於460年，由當時的佛教高僧曇曜奉
旨開鑿。整個石窟分為東、中、西三部分，石窟內的佛
龕，像蜂窩密佈，大、中、小窟疏密有致地嵌貼在雲岡
半腰。

　　東部的石窟多以造塔為主，故又稱塔洞；中部石窟
每個都分前後兩室，主佛居中，洞壁及洞頂佈滿浮雕；
西部石窟以中小窟和補刻的小龕為最多，修建的時代略
晚，大多是北魏遷都洛陽後的作品。

　　石窟依山而鑿，東西綿延約一公里，共有大小石窟
53個，佛雕51000多尊，是中國最大的石窟之一，與敦
煌莫高窟、洛陽龍門石窟並稱為中國三大石窟藝術寶庫。

隋唐五代十國時期

◆ 隋朝

隋朝

　　隋朝的建立以及統一全國，是建立在魏晉南北朝以來的社會發展趨勢之上的，自東漢獻帝初平元年（190年）以後，統一的東漢王朝在黃巾起義的打擊下已經瓦解，直到開皇九年（589年）隋王朝重新統一中國為止。在將近400年的歷史進程中，統一的中國處在分裂割據、軍閥混戰以及周邊各族上層分了侵擾中原的局面之中。但統一始終是這一歷史時期的社會發展趨勢。

隋文帝楊堅

　　隋文帝（541年～604年）楊堅，漢族，鮮卑姓是普六茹。西元581年，北周的靜帝以楊堅眾望有歸下詔宣佈禪讓。楊堅三讓而受天命，自相府常服入宮，備禮即

皇帝位於臨光殿，定國號為大隋，改元開皇，宣佈大赦天下。

西元589年，隋文帝遣兵揮戈南下，滅亡了割據南方的陳朝，統一了全國，同年琉球群島歸降隋朝，突厥可汗尊楊堅為聖人天可汗，表示願為藩屬永世歸順，千萬世為聖朝典牛馬。

隋文帝結束了中國長期混亂的局面、征服各族蠻夷使中國又回到了和平年代。

隋煬帝楊廣

隋文帝楊堅的次子，母獨孤皇后。581年封晉王，589年任行軍元帥統兵伐陳，600年立為太子。604年即皇帝位，年號大業，在位13年。政績和暴政都很突出，有人拿商紂王、秦始皇等與他相比，並稱暴君。修建大運河、長城和東都洛陽城，開拓疆土暢通絲綢之路，三征高句麗，開創科舉。

他對人民奴役征斂十分苛重，濫用民力，使生產遭到嚴重破壞。巨大的工程和連年的戰爭使民生不堪重負，引發大規模的叛亂。在農民軍地打擊下，隋朝統治搖搖欲墜，618年隋煬帝在江都（今江蘇揚州）被部將宇文化及等縊殺，隋朝滅亡。

《開皇律》

隋文帝奪位後，命人修訂刑律，編成《開皇律》。
《開皇律》共計十二篇、五百條。刪去死罪81條，流罪
154條，徒杖罪1000餘條。《開皇律》更定刑名為笞、
杖、徒、流、死五刑，廢除了前代的鞭刑及梟首、車裂
等酷刑；又規定「八議之制」，以維護貴族官僚地主的
特權；將北齊律的「重罪十條」發展為「十惡」大罪，
加強對危害封建統治秩序行為的鎮壓。《開皇律》上承
漢律的源流，下開唐律的先河，在中國歷史上佔著重要
的地位。

科舉制度

科舉是歷代封建王朝通過考試選拔官吏的一種制
度。由於採用分科取士的辦法，所以叫做科舉。科舉制
從隋朝大業元年（605年）開始實行，到清朝光緒三十
一年（1905年）舉行最後一科進士考試為止，經歷了一
千三百多年。

魏晉以來，官員大多從各地高門權貴的子弟中選
拔。權貴子弟無論優劣，都可以做官。許多出身低微但

有真才實學的人，卻不能到中央和地方擔任高官。為改變這種弊端，隋文帝開始用分科考試來選舉人才。隋煬帝時期正式設置進士科，考核參選者對時事的看法，按考試成績選拔人才。中國科舉制度正式誕生。

義倉

　　隋唐兩代於地方上所設立的公共儲糧備荒的糧倉。因通常委裡社中社司管理，故又名「社倉」。

　　隋開皇三年（583年）長孫平被徵拜為度支尚書。他見天下州縣多罹水旱，百姓不給，奏令民間每秋家出粟麥一石以下，貧富差等，儲之閭巷，以備凶年，名曰義倉。隋文帝表彰並採納其建議。

　　唐太宗於貞觀二年（628年）再置義倉。王公以下一般百姓畝納粟（麥、稻、粳亦可）2升以備災年賑給，由官府管理。

　　唐高宗永徽二年（651年）改為按戶出粟，上上戶五石，余各有差。唐代自武則天末年起，便以義倉糧解決國家財政困難。唐玄宗以後更把義倉稅定為國家正式賦稅收入。

大索貌閱

隋唐檢查戶口的措施。為了查實應納稅和負擔徭役的人口，隋政府下令州縣官吏大規模地檢查戶口，叫做「大索貌閱」。隋初，農民隱漏戶口、詐老詐小的現象極為嚴重，直接影響到國家財政收入和對勞動力的控制。隋開皇五年（585年），實行大索貌閱，責令州縣地方官吏檢查隱漏戶口，當面與戶籍簿核實。並規定，如戶口不實，里正、黨正流配遠方，獎勵百姓互相檢舉。通過這次檢查，戶籍簿上有40萬人查實為壯丁，有160萬人新編入戶籍。通過檢查，大量隱漏戶口被查出，增加了政府控制的人口和賦稅收入。

輸籍之法

585年，隋文帝下令清查戶口，即所謂「大索貌閱」。另外還根據宰相高熲的建議，實行了「輸籍之法」。即由國家制定劃分戶等的標準，發到各州縣，每年正月五日，縣令派人到農村，依定樣劃分戶等，作為徵調賦稅、力役的依據。由於國家規定的賦稅、力役數量低於豪強地主對佃農的剝削量，許多原來依附豪強地

主的農民紛紛脫離地主，向官府申報戶口，納稅服役，成為國家的編戶。

由於「大索貌閱」與「輸籍之法」的推行，政府增加了所轄戶口和財政收入，擴大了力役來源；豪強地主勢力受到很大削弱。

三省六部制

由隋文帝創始，被後世沿用了很久的中央官制。三省指中書省、門下省、尚書省三個部門；六部指吏部、戶部、禮部、兵部、刑部、工部六個機構。

保閭制度

隋文帝制定了保閭制度：畿內以五家為保，設保長；五保為閭，設閭正；四閭為族，設族正。畿外保上為里，設里正；里上為黨，設黨長。由保長、閭正、族正、里正、黨長等辦理均田、徵稅與戶籍。開皇五年（585年），「令州縣大索貌閱，戶口不實者，正長遠配」。

仁壽宮之變

隋文帝次子楊廣為了奪取皇位，偽裝節儉仁孝，陷害太子楊勇，終於在600年謀得太子之位。604年，隋文帝在仁壽宮被太子楊廣殺害。楊廣即位，是為隋煬帝。

三征高麗

高麗又稱高句麗，在朝鮮半島北部，隋文帝曾以大軍出征高麗，終因孤軍深入，無功而返。至煬帝時又進行了三次親征高麗的戰爭。第一次出征是在大業七年（612年），隋軍大潰，僅2700人退還遼東。

大業九年（613年）春，隋軍第二次出征高麗，煬帝亦親至遼東前線督師。戰事互有勝負，楊玄感趁隋軍征高麗，乘機在黎陽（今河南浚縣東北）反叛，並攻東都，煬帝大驚，急引軍還。

大業十年（614年）春，煬帝又親至涿郡，督師第三次出征高麗。由於連年戰爭，雙方均損失慘重，加上隋朝內部發生農民起事，幾遍全國，煬帝只得從遼東罷兵而歸。

李淵晉陽起兵

616年，唐國公李淵受命為太原留守。當時天下已亂，群雄並起。李淵也在暗中網羅人才，集結力量，準備起兵。隋煬帝對李淵有所猜忌，派親信監視他。次年五月，李淵在次子李世民的鼓動下，殺了隋煬帝的親信，自稱大將軍，在晉陽正式起兵反隋。

瓦崗起義

從西元611年到614年，隋煬帝曾接連三次發動侵略高麗的戰爭。這又給全國人民帶來一次大災難。一次徵兵就是340萬人，還徵調民工在東萊（今山東省掖縣）、海口造船300艘。工匠們由於不分晝夜地站在水裡幹活，腰以下的身體都腐爛生蛆了，被折磨死了的佔十分之三至四。民工病死以後，屍體丟在路旁，臭氣沖天。

隋煬帝還徵發民夫運軍糧，兩個人推一輛小車，車上只能裝三石糧，道路遙遠，三石糧僅夠民夫一路的口糧，運到指定地點，米已吃光，民夫無力繳納，只好逃亡。百姓為了逃避兵役、徭役，甚至把自己的手腳砍掉，還起名叫「福手」、「福足」。在忍無可忍的情況

下，農民起義終於爆發了，這就是翟讓和李密領導的瓦崗起義軍。

宇文化及

隋末叛軍首領。代郡武川（今內蒙古武川西）人，隋大將宇文述之子。楊廣為太子時，他領禁軍，很受寵信。隋煬帝楊廣即位，授他為太僕少卿。

大業年間，統領驍果的武賁郎將司馬德戡集兵數萬，發動叛亂，推宇文化及為主，縊殺煬帝，立秦孝王之子楊浩為帝。化及自稱大丞相。後被李密打敗。武德二年（619年），竇建德擒宇文化及，與其兩子同時處斬，其所建政權亡。

翟讓

隋末農民起義中瓦崗軍前期領袖。東郡韋城縣（今河南滑縣東南）人。大業七年（611年），翟讓與同郡人徐世勣、單雄信起兵於瓦崗。

大業十二年，李密參加瓦崗軍。他設計襲斬了曾累敗起義軍的張須陀，次年，奪取興洛倉，對瓦崗軍的發

展起了重大作用。十三年二月,翟讓推李密為瓦崗軍首領,號魏公。十一月,翟讓被李密用計殺死。

大運河

中國東部平原上的古代偉大工程。北起北京,南到浙江杭州,故又名京杭運河。西元前485年吳王夫差築邗江城,並掘邗溝,溝通江淮水道。隋大業元年(605年)拓寬開深山陽瀆(今裡運河),又開通濟渠,聯結洛、黃、汴、泗諸水達於淮河。大業六年(610年)拓寬浚深江南運河以達杭州。同時由洛陽附近鑿永濟渠通衛河,經臨清轉今天津,全線溝通,長約2,700公里。

趙州橋

趙州橋,又名安濟橋(宋哲宗賜名,意為「安渡濟民」),位於河北趙縣洨河上,它是世界上現存最早、保存最好的巨大石拱橋。被譽為「華北四寶之一」。建於隋大業(605－618)年間。橋長64.40米,跨徑37.02米,券高7.23米,是當今世界上跨徑最大、建造最早的單孔敞肩型石拱橋。因橋兩端肩部各有兩個小孔,不是

實的,故稱敞肩型,這是世界造橋史的一個創造(沒有小拱的稱為滿肩或實肩型)。橋上有很多的東西,類型眾多,豐富多彩。

雕版印刷術

中國最早發明的印刷術始見於隋。將所印數稿反刻在一塊塊的木板上,使字凸出,然後在字面上塗墨,復上紙,輕刷之後,字跡便可印在紙上。該技術在唐代得到進一步發展。

◆ 唐代

李淵建唐

617年,李淵率軍攻入了長安,當時隋煬帝正在江都,李淵立13歲的隋西京留守代王楊侑為傀儡皇帝,稱恭帝,改元義寧,並遙尊煬帝為太上皇,他自己為大丞相,受封唐王,掌握實權。618年,隋煬帝在江都被殺。同年,李淵逼楊侑讓位,自己在長安稱帝,建國號為唐,李淵就是唐高祖。

《唐律》

唐王朝建立後，重對《開皇律》進行修訂，稱之為
《武德律》。到了唐太宗時期，長孫無忌又對《武德
律》進行修訂，製成《貞觀律》。高宗時代，長孫無忌
又對《貞觀律》進行了局部修訂，製成《永徽律》。
《永徽律》在永徽四年公佈天下，這就是《律疏》後來
又改稱《唐律疏議》。

《律疏》的頒布，主要是為了解決當時司法考試時
的標準問題。唐的法律包括律、令、格、式四種。「律」
用來「正刑定罪」，是處理刑事犯罪的法律規定。「令」
用來「設范立制」，是國家基本制度的單行法規，「格」
用以「禁違正邪」，是皇帝對國家機關發佈的各種敕令
的匯輯。

玄武門之變

玄武門之變發生於唐高祖武德九年（626年）。當
時的秦王李世民在長安城宮城北門玄武門殺死太子李建
成和齊王李元吉。隨後，李淵詔立李世民為皇太子，下
令軍國庶事無論大小悉聽皇太子處置。不久之後李世民
即位，年號貞觀。

貞觀之治

　　貞觀之治是指唐朝初期出現的太平盛世。由於唐太宗能任人唯賢，知人善用；開言路，虛心納諫，重用魏征等；並採取了一些以農為本，減輕徭賦，休養生息，厲行節約，完善科舉制度等政策，使得社會出現了安寧的局面。當時年號為「貞觀」，史稱「貞觀之治」。這是唐朝的第一個盛世，同時為後來的開元盛世奠定了基礎。

租庸調制

　　租庸調製是以均田制的推行為基礎的賦役制度。此制規定，凡是均田人戶，不論其家授田是多少，均按丁交納定額的賦稅並服一定的徭役。

　　它的內容是：每丁每年要向國家交納粟二石，稱作租；交納絹二丈、綿三兩或布二丈五尺、麻三斤，稱作調；服徭役二十天，是為正役，國家若不需要其服役，則每丁可按每天交納絹三尺或布三尺七寸五分的標準，交足二十天的數額以待役，這稱作庸，也叫「輸庸代役」。

國家若需要其服役，每丁服役二十天外，若加役十五天，免其調，加役三十天，則租調全免。若出現水旱等嚴重自然災害，農作物損失十分之四以上免租，損失十分之六以上免調，損失十分之七以上，賦役全免。

房謀杜斷

唐朝初年，唐太宗善於任用能人為之服務，經常聽從大臣的意見。一次他與文昭商量事情，房玄齡感慨地說：「非如晦莫能籌之。」等到杜如晦來到時，杜如晦立即分析房玄齡的計謀並做出決斷。他們兩人合作得十分融洽，人稱房謀杜斷。

安西、北庭都護府的設立

安西、北庭兩大都護府，是唐朝在西域設立的最高軍政機關，天山南北的廣大地區乃至中亞的廣闊地方，都隸屬於兩大都護府。

640年，唐朝在西州治所交河城設立安西都護府；648年，遷龜茲（今庫車），管轄範圍有所擴大；658年升格，稱安西大都護府。702年，唐朝在庭州設立北庭

都護府，以替代罷設不久的昆陵都護府；起先隸屬於安西大都護府，709年升格為北庭大都護府，與安西大都護府分治南北。

安西四鎮

貞觀十四年（640年）八月唐滅高昌國，九月置安西都護府於西州交河城（今新疆吐魯番西交河古城址），管理西域地區軍政事務。

二十年六月，西突厥乙毗射匱可汗請和親，唐使其屬下割龜茲、于闐、疏勒、朱俱婆、蔥嶺五國作為聘禮。

二十二年，唐軍進駐龜茲國以後，便將安西都護府移至龜茲國都城（今新疆庫車），同時在龜茲、焉耆（今新疆焉耆西南）、于闐（今新疆和田西南）、疏勒（今新疆喀什）四城修築城堡，建置軍鎮，由安西都護兼統，故簡稱「安西四鎮」。

遣唐使

日本為了學習中國文化，向唐朝派出十幾次遣唐使團。630年，舒明天皇終於派出了第一次遣唐使，此後二百六十多年間，奈良時代和平安時代的日本朝廷一共任命了十九次遣唐使，其中任命後因故中止者三次，實際成行的十六次。但是有一次僅抵朝鮮半島的百濟國，有兩次是作為送回唐朝專使的「送唐客使」，另有一次是因入唐日使久客未歸而特派使團前往迎接的「迎入唐使」。因此實際上頁正名副其質的遣唐使是十二次。

玄奘取經

西元7世紀，當中國即將迎來她最強盛的大唐治世之際。一位年輕的和尚卻悄悄地離開了帝國的首都長安，踏上了漫漫的西行道路。12000公里的孤身征程，穿越了100多個國家，這位叫玄奘的聖僧來到了佛教的發源地印度尋求傳說中的「真經」。他的故事，後來被演繹成一部充滿詭異與神奇的小說《西遊記》。

玄奘的幸與不幸都源於這部小說，因為小說，更多的人知道了他的名字；也因為小說，人們幾乎忘了歷史

上真實的玄奘。於是，這位唐朝僧人的西行歷程，留下了太多不為人知的秘密。

文成公主和親

7世紀，西藏王松贊干布震撼唐朝。當時，唐朝擁有世界最先進的經濟文化。松贊干布多次派遣使者向唐王朝求婚。

641年，唐太宗把文成公主許嫁給他。文成公主入藏時，帶去了許多手工業品、藥物、詩文經史以及其他自然科學方面的書籍。文成公主入藏和親，促進了藏族的經濟和文化發展，也加強了漢藏人民之間的友好關係，為民族的交往和融合做出了很大貢獻。

長慶會盟

821年十月，唐蕃會盟於長安西郊。吐蕃會盟專使為禮部尚書論訥羅。唐朝派丞相崔植、王播、杜元穎等17人與盟。

822年五月，唐朝和盟專使、大理寺卿劉元鼎率領使團去吐蕃，與吐蕃以缽闡布・勃蘭伽允丹為首的官員

在邏些東郊會盟。

自706年至822年的100多年間，吐蕃與唐朝共會盟8次，此次會盟是第8次，即最後一次會盟，史稱「長慶會盟」。

中國歷史上唯一的女皇帝

武則天（624年～705年），名武曌，漢族。中國歷史上唯一的女皇帝。武氏為唐開國功臣武士彠次女，母親楊氏，祖籍并州文水縣（今山西省文水縣），生於長安（今陝西省西安市）。本名不詳，14歲入後宮為才人（正八品），唐太宗賜名媚，人稱「武媚娘」。高宗時上尊號為「天后」。

高宗崩，中宗即位，武氏為皇太后，臨朝稱制後改名曌。稱帝后上尊號「則天順聖皇帝」，退位後改尊為「則天順聖皇后」。

武氏另有廢除的尊號「聖母神皇、聖神皇帝、金輪聖神皇帝、越古金輪聖神皇帝、慈氏越古金輪聖神皇帝、天冊金輪聖神皇帝、則天大聖皇帝」等。後世通常稱武氏為「武則天」或「武后」。

請君入甕

武則天當政時，大臣周興和來俊臣是當時有名的酷吏。有人告周興謀反，武則天便派來俊臣審理問。來俊臣請周興飲酒，假意問他：「犯人不肯招供怎麼辦？」周興說：「用一個大甕，四周堆滿燒紅的炭火，再把犯人放進去。再頑固不化的人，也受不了這個滋味。」於是來俊臣叫人支起大甕，說：「有人告你謀反，太后命我來審問你，請你進這個大甕！」周興聽了驚恐失色，知道自己在劫難逃，只好俯首認罪。後人用「請君入甕」比喻以其人之道，還治其身。

唐中宗復辟

683年，唐高宗死後，太子李顯繼位，是為中宗，然而他次年被武則天廢為廬陵王。705年，武則天病重，在這種情況下，敬暉夥同張柬之、桓彥范、崔玄暐、袁恕己等人，乘機訴諸武力，發動政變，推翻了武則天，擁戴唐中宗復辟。恢復國號為唐，武周政權終結。

韋后之亂

韋后之亂是指中國唐中宗皇后韋氏的專權亂政。683年，中宗即位，次年，立韋氏為皇后。同年，中宗被武則天廢黜。705年，中宗復位。當時朝中形成一個以韋氏為首的武、韋專政集團。武三思透過韋后及其愛女安樂公主，誣陷並迫害擁戴中宗復位的張柬之、敬暉等功臣，作威作福。韋后臨朝攝政，立李重茂為帝，史稱唐少帝。韋后又任用韋氏子弟統領南北衙軍隊，並欲傚法武則天，自居帝位。臨淄王李隆基（後來的唐玄宗）與太平公主（武則天女）發動禁軍攻入宮城，殺韋後、安樂公主、上官婉兒及諸韋子弟，迫少帝讓位，立相王李旦（李隆基父）為帝，即唐睿宗。韋后之亂，至此結束。

開元盛世

開元之治是唐玄宗（李隆基）統治前期所出現的盛世。唐玄宗治國初期，以開元作為年號，那時玄宗勵精圖治，並且任用賢能，發展經濟，提倡文教，使得天下大治，成為當時世界上最強盛的國家，史稱「開元盛世」。

開元通寶

　　唐代開元通寶貨幣。錢幣在唐代始有「通寶」（這個說法正確，但是開通元寶——寶文為元寶，不是通寶），開創了新紀元，在錢幣發展史上佔有重要地位。唐初延用隋五銖，輕小淆雜。唐高祖武德四年（621年），為整治混亂的幣制，廢隋錢，效仿西漢五銖的嚴格規範，開鑄「開元通寶」，取代社會上遺存的五銖。最初的「開元通寶」由書法家歐陽詢題寫，形制仍沿用秦方孔圓錢，規定每十文重一兩，每一文的重量稱為一錢，而一千文則重六斤四兩。從此，中國的幣制正式脫離以重量為名的銖兩體系而發展為通寶幣制，成為唐以後歷朝的鑄幣標準，沿襲近1300年。

鑑真東渡

　　鑑真（688年～763年），中國唐朝僧人，律宗南山宗傳人，日本佛教律宗開山祖師，著名醫學家。鑑真是中國唐代赴日本傳戒並首創日本律宗的高僧。742年，日本留學僧榮睿、普照到達揚州，懇請鑑真東渡日本傳授「真正的」佛教，為日本信徒受戒。當時，大明寺眾

僧「默然無應」，唯有鑑真表示「是為法事也，何惜身命」。遂決意東渡。鑑真大師歷經磨難、矢志不渝、東渡扶桑。六次東渡，五次失敗，歷盡坎坷，終於在第六次東渡成功，達到弘揚佛法的目的。

節度使

官名。唐初沿北周及隋朝舊制，重要地區置總管統兵，旋改稱都督，唯朔方仍稱總管，邊州別置經略使，有屯田州置營田使。唐代開始設立的地方軍政長官。因受職之時，朝廷賜以旌節，故稱。唐睿宗景雲二年，賀拔延嗣為涼州都督充河西節度使，節度使開始成為正式的官職。

李林甫、楊國忠專權

736年，禮部尚書李林甫升任中書令。他善於探聽揣摩君主的心思，很得唐玄宗的歡心。玄宗在位已久，逐漸倦於政事，就將政事交於李林甫處理。李林甫改唐朝宰相四年一換的舊例，獨攬相權近20年。他口蜜腹劍，排斥異己，使朝廷矛盾重重。

752年，李林甫病重，楊貴妃的遠親楊國忠得以升任中書令。他專擅朝政大事，欺上瞞下，使朝廷賄賂之風大盛，政治腐敗不堪。

安史之亂

安史之亂是中國歷史上一次重要的事件，是唐朝由盛而衰的轉折點。安，指安祿山（也指安慶緒），史，指史思明（也指史朝義），安史之亂是指他們起兵反對唐王朝的一次叛亂。安史之亂自唐玄宗天寶十四年（755年）至唐代宗寶應元年（762年）結束，前後達7年之久。

這次歷史事件，是當時社會各種矛盾所促成的，對唐朝後期的影響尤其巨大。安史之亂各種社會矛盾的集中反映，主要包括統治階級和人民的矛盾，統治者內部的矛盾，民族矛盾以及中央和地方割據勢力的矛盾等等。

藩鎮割據

唐代「安史之亂」後，部分節度使憑藉自己手中的兵權、財權和中央政權相對抗。這種局面首先出現在唐代宗時期，叛亂的降將割據一方，他們不受中央政令的

管轄，而且彼此間征戰不已。在中唐後期，藩鎮與中央朝廷互有消長，當中央政權比較強大時，就會想方設法地打擊藩鎮；中央政權比較弱小時，藩鎮就會更跋扈一些。

馬嵬驛之兵變

「安史之亂」爆發後，756年，潼關失守，唐玄宗攜後宮嬪妃、皇族子女及楊國忠等倉皇逃向蜀地。到金坡（今陝西興平）馬嵬驛時，將士們在饑勞憤怒之下，群起斬殺楊國忠，並且要求處死楊貴妃。唐玄宗被迫讓楊貴妃在佛堂自縊而死。

劉晏理財

「安史之亂」中，京師遭遇糧荒，糧食價格飛漲，軍隊和百姓都面臨飢餓。叛亂平息後，763年，度支鹽鐵轉運租庸使劉晏經過實地考察，整頓漕運，採用分段轉輸法，使每年有數十萬石江淮糧食得以運至關中。同時，他又改變鹽法，穩定了鹽價。劉晏理財20年，改善了安史之亂後財政紊亂的狀況。

僕固懷恩叛亂

郭子儀手下有一名大將叫僕固懷恩，在安史之亂中立過戰功。他不滿意唐王朝對他的待遇，發動叛變，派人跟回紇和吐蕃聯絡，欺騙他們說，郭子儀已經被宦官魚朝恩殺害，要他們聯合反對唐朝。西元765年，僕固懷恩帶引回紇、吐蕃幾十萬大軍進攻長安。郭子儀嚴陣以待，不料僕固懷恩突然得急病死了。回紇和吐蕃兩支大軍雖說是聯軍，但是他們並不團結。他們本來是僕固懷恩引進來的，僕固懷恩一死。誰也不願聽誰的指揮，兩股力量捏不到一塊兒去。從而分化瓦解了聯軍。

奉天之難

四鎮之亂及涇原之叛的合稱。唐德宗即位後，力圖削藩。781年，成德節度使李寶臣死，子李惟岳向朝廷請求襲其父位，魏博節度使田悅亦代為之請。德宗堅決拒絕。李、田遂聯合淄青節度使李正己，山南東道節度使梁崇義等起兵反唐。783年，涇原之兵因朝廷沒有犒賞和飯菜粗劣而嘩變，德宗逃往奉天。叛軍推舉朱泚為首領。此時朝廷援兵已逼長安，朱泚退守長安。不久唐

將領李懷光與朱泚聯合。德宗被迫又奔梁州（今陝西漢中）。784年五月，唐將領李晟等攻克長安，德宗於七月返回。

兩稅法

　　唐代後期，由於土地兼併逐步發展，失去土地而逃亡的農民很多，租庸調製的維持已經十分困難。安史之亂以後，賦稅制度非常混亂。賦稅制度的改革勢在必行。唐德宗即位後，宰相楊炎建議實行兩稅法。兩稅法的主要原則是只要在當地有資產、土地，就算當地人，上籍徵稅。同時不再按照丁、中的原則征租、庸、調，而是按貧富等級徵財產稅及土地稅。這是中國土地制度和賦稅制度的一大變化。從此以後，再沒有一個由國家規定的土地兼併限額（畔限）。同時徵稅對像不再以人丁為主，而以財產、土地為主，而且愈來愈以土地為主。

永貞革新

　　唐代從玄宗時的高力士開始，出現宦官擅權現象；到肅宗時的李輔國，宦官又掌握了軍權。永貞元年（805

年），唐順宗李誦即位，大臣王叔文、王伾居翰林用事，引用韋執誼為宰相。他們與柳宗元、劉禹錫等人結成政治上的革新派，共謀打擊宦官勢力。以俱文珍為首的宦官集團及與之相勾結的節度使的強烈反擊。最後，俱文珍等人發動政變，幽禁順宗，擁立太子李純。王叔文被賜死，王伾不久病死，柳宗元、劉禹錫、韓泰、陳諫、韓曄、凌准、程異及韋執誼 8 人均被貶為外州司馬。改革歷時 100 餘日，以失敗而告終。

元和中興

唐憲宗元和年間，政府財政情況有所好轉，同時吐蕃勢衰，各地藩鎮在長時間的戰亂中實力也有所削弱，借助這大好形勢，唐政府「以法度裁製藩鎮」，陷於強藩多年的河南、山東、河北等地區又歸中央政府管轄，唐王朝復歸於統一，史稱「元和中興」。

黃巢起義

黃巢起義是發生在875年至884年間的一次志在推翻唐王朝的農民起義。873年，唐懿宗死，僖宗立，政治

更加黑暗，財政虧空年達300萬貫。這一年又逢黃河中下游遭受旱災，夏季麥收一半，秋季顆粒不收。農民只好以野菜、樹皮充飢。在這種情況下，政府的徭役，賦稅仍未減輕，逼得農民無法生活。憤怒的群眾在走投無路的情況下，拿起武器進行鬥爭。唐末農民起義爆發了。西元874年，王仙芝在長垣（今河南長垣縣東北）聚眾起義，自稱「天補平均大將軍兼海內諸豪都統」，發佈文告，號召人民起來推翻唐朝。第二年夏天，黃巢在曹州冤句（今山東曹縣北）率眾響應，舉行起義。起義軍一開始就提出了改變現狀，以推翻唐王朝為目標的口號。

朱溫降唐

朱溫是黃巢起義軍中的將領。882年，各地唐軍圍攻長安，朱溫對義軍前途悲觀失望，就投降了唐朝，被封為同華節度使，賜名「全忠」。901年，朱全忠因鎮壓起義軍有功，晉封為梁王，割據一方，到唐昭宗時他已經成為全國最有實力的軍閥。

白馬驛之禍

朱溫殺了昭宗之後，新帝年少，不通政事，朝政大權全由朱溫掌控。為了以防萬一，次年二月，他又令人將昭宗的兒子盡皆殺掉。

905年6月，他又將原先朝中的重臣30餘人押到白馬驛（今河南滑縣），殺掉後投入黃河。

魏征

魏征（580年~643年）字直成，河北省巨鹿人。曾出家當過道士。隋大業末年，魏征被隋武陽郡（治所在今河北大名東北）丞元寶藏任為書記。元寶藏舉郡歸降李密後，他又被李密任為元帥府文學參軍，專掌文書卷宗。

魏征是中國初唐偉大的政治家、思想家和傑出的歷史學家。輔佐唐太宗17年，以「犯顏直諫」而聞名。他那種「上不負時主，下不阿權貴，中不侮親戚，外不為朋黨，不以逢時改節，不以圖位賣忠」的精神，千百年來，一直被傳為佳話。

孫思邈與《千金方》

孫思邈（581年～682年）為唐代著名道士，醫藥學家。被人稱為「藥王」。以畢生心血寫成《千金方》。該書第一卷為總論，內容包括醫德、本草、製藥等；再後則以臨床各科辨證施治為主，計婦科2卷，兒科1卷，五官科1卷，內科15卷（其中10卷按臟腑分述），外科3卷；另有解毒急救2卷，食治養生2卷，脈學1卷及針灸2卷。共計233門，方論5300首。

《千金要方》素為後世醫學家所重視。《千金要方》還流傳至國外，產生了一定影響。

吳道子

吳道子（685年～758年）是中國唐代第一大畫家，被後世尊稱為「畫聖」。

河南陽翟（今河南省禹州）人，曾在韋嗣立幕中當大吏，做過兗州暇丘（今山東兗州）縣尉。漫遊洛陽時，唐玄宗聞其名，任以內教博士官，並官至寧王府友，改名道玄，在宮廷作畫。

開元年間，玄宗知其名，召入宮中，讓其教內宮子

弟學畫，因封內教博士；後又教玄宗的哥哥寧王學畫，
遂晉陞為寧王友，從五品。傳世作品《天王送子圖》。

李白

　　李白（701年～762年），漢族，字太白，號青蓮居
士，生於安西都護府碎葉城，幼年遷居四川綿川昌隆縣
（今四川省江油市），唐代偉大的浪漫主義詩人。其詩
風格豪放飄逸灑脫，想像豐富，語言流轉自然，音律和
諧多變。他善於從民歌、神話中汲取營養素材，構成其
特有的瑰麗絢爛的色彩，是屈原以來積極浪漫主義詩歌
的新高峰，與杜甫並稱「大李杜」，世人又稱為「詩
仙」。

顏真卿

　　顏真卿（709年～785年），唐代傑出書法家，偉大
的愛國者。漢族，字清臣，琅琊孝悌裡（今臨沂市費縣
諸滿村）人。其曾祖、祖父、父親都工篆隸，母親殷氏
亦長於書法。他創立的「顏體」楷書與趙孟頫、柳公
權、歐陽詢並稱「楷書四大家」。

初唐四傑

　　初唐文學家王勃、楊炯、盧照鄰、駱賓王的合稱。《舊唐書・楊炯傳》說：「楊炯與王勃、盧照鄰、駱賓王以文詩齊名，海內稱為王楊盧駱，亦號為『初唐四傑』」。

古文運動

　　唐宋時期的文學革新運動，其內容主要是復興儒學，其形式就是反對駢文，提倡古文。所謂「古文」，是對駢文而言的。唐朝初期文壇，駢文仍占主要地位。唐太宗為文也尚浮華。

　　史學家劉知幾曾在《史通》中提出「言必近真」、「不尚雕彩」的主張；王勃提議改革文弊，但他們自己的作品，仍用駢體；陳子昂也揭櫫復古的旗幟。唐玄宗天寶年間至中唐前期，蕭穎士、李華、元結、獨孤及、梁肅、柳冕，先後提出宗經明道的主張，並用散體作文，成為古文運動的先驅。

　　韓愈、柳宗元則進一步提出了一套完整的古文理論，並寫出了相當數量的優秀古文作品，當時有一批學

生和追隨者熱烈響應，終於在文壇上形成了頗有聲勢的古文運動，把散文的發展推向了一個新的階段。

《通典》

《通典》是中國第一部，也是成就最高的一部典章制度專史。作者杜佑曾任唐朝節度使和宰相等職，對中央及地方制度極為熟悉，他採錄歷代典籍，溯尋制度的因革變遷，希望為在唐帝國寫下一幅臻於理想的政治藍圖。

《通典》就是一部古代與現代的對話，理想與實際的結合。《通典》全書 200 卷，分為食貨、選舉、職官、禮、樂、兵、刑、州郡、邊防等八門。

《鶯鶯傳》

中唐著名詩人元稹撰寫的《鶯鶯傳》是一篇著名的愛情傳奇，說的是崔鶯鶯和張生互相愛慕，在婢女紅娘的幫助下，私訂終身的故事。

敦煌莫高窟

　　莫高窟屬全國重點文物保護單位，俗稱千佛洞，被譽為20世紀最有價值的文化發現，坐落在河西走廊西端的敦煌，以精美的壁畫和塑像聞名於世。它始建於十六國的前秦時期，歷經十六國、北朝、隋、唐、五代、西夏、元等歷代的興建，形成巨大的規模，現有洞窟735個，壁畫4.5萬平方米、泥質彩塑2415尊，是世界上現存規模最大、內容最豐富的佛教藝術聖地。

◆ 五代十國

五代十國

　　五代有時也稱為五代十國，一般認為從 907 年朱溫滅唐到 960 年北宋建立，短短的五十四年間，中原相繼出現了梁、唐、晉、漢、週五個朝代，史稱後梁、後唐、後晉、後漢、後周。同時，在這五朝之外，還相繼出現了前蜀、後蜀、吳、南唐、吳越、閩、楚、南漢、

南平（即荊南）和北漢十個割據政權，這就是中國歷史上的「五代十國」。

文盲皇帝王建

五代十國時前蜀高祖王建是文盲皇帝。王建出身貧寒，好習武，以屠牛販鹽為生。後參軍並得以陞遷，在唐亡同年，建立前蜀。

他目不識丁，但登基後卻厚待唐末名臣士族，敬重文人雅士，他還口述文詞來告誡太子。因此很多文士紛赴蜀中避難，這些使前蜀大有唐朝文風的氣象。

後梁

後梁，五代十國之一。自梁太祖朱全忠（本名朱溫）建國（907年）至梁末帝亡國（923年11月19日），都開封。

盛時疆域約為今河南、山東兩省，陝西、湖北的大部以及河北、安徽、江蘇、山西、甘肅、寧夏、遼寧的一部分。歷3主，共17年。

後晉

五代之一。936年石敬瑭（即後晉高祖石敬瑭）所建。都開封。盛時疆域約為今山東、河南兩省，山西、陝西的大部及河北、寧夏、甘肅、湖北、江蘇、安徽的一部分。歷2帝，前後約11年。

後漢與後周

947年，遼主進入大梁不到3個月就倉皇北退，時任河東節度使的劉知遠趁機在太原稱帝，並率軍南下，一路兵不血刃，於當年六月進入汴州，建國號為漢，史稱後漢。4年後，後漢大將郭威發動兵變，奪取了後漢政權，改國號為周，史稱後周。

契丹文字

契丹族本沒有文字。耶律阿保機建國稱帝後，於920年命突呂不等人，在漢字隸書的基礎上增減筆畫，創造出契丹文字。924年，阿保機的弟弟耶律迭剌又根據回

鶻文創制了契丹小字。契丹文字創制後在當時戎馬為生的契丹人中使用並不普遍，但對西夏文字和女真文字的創制有很大影響。

行會出現

隋唐五代時，隨著商品經濟的發展，城市裡興起了行會組織。這些行會有肉行、鐵行、面行、米行、藥行、油行等，有的同一行業內，還有不同的行會，如紡織業中，就有彩帛行、絲絹行、大絹行、小絹行等。行會有行頭、行首等，負責規範與監督本行「行人」的交易行為，維護合法交易秩序。

6. 宋遼西夏金元時期

◆ 北宋

▋▋ 黃袍加身 ▋▋

　　後周大將趙匡胤屢立戰功，擁有精兵且威信極高。周世宗死後，七歲的恭帝繼位，國內人心浮動。960年，趙匡胤奉命率軍北上抵抗北漢入侵，到達陳橋驛（今河南開封東北）時，被部下將士黃袍加身，擁上馬返回開封。趙匡胤於是代替周帝，改國號為宋，史稱北宋。

▋▋ 內外相制 ▋▋

　　宋太祖趙匡胤鑑於唐末五代藩鎮割據對國家造成的危害，採用丞相趙普的建議，實行了強幹弱枝的政策，即收天下精兵盡數送往京師充當禁軍，地方上保有少數供役使出廂兵，當時禁軍約有20萬，10萬屯紮在京師。

以制外變，10萬屯紮在外郡，以制內患。如此環環相扣，加強了中央集權統治。

杯酒釋兵權

961年，宋太祖接受趙普的建議，召石守信、王審琦等手握兵權的宿將飲酒，勸他們放棄兵權，多積錢財、多置土地，頤養天年。次日，石守信等大將都辭去了中央軍職，離開京都都去當了各地節度使。從此，自晚唐以來武將專橫、臣強君弱的痼疾終於被解除了。

雍熙北伐

西元986年（雍熙三年），宋軍再度分兵三路北伐。最初，宋中、西兩路進軍順利，收復了不少地方。但隨後宋東路軍在岐溝關（今河北涿州市西南）被契丹主力打敗。宋太宗急令宋軍撤退，並命潘美、楊業統率的西路軍護送百姓內遷。楊業孤軍奮戰，最後負傷被俘，絕食三日，壯烈犧牲。通過高梁河與岐溝關兩次決戰，契丹在軍事上掌握了極大的優勢。

王小波、李順起義

　　中國北宋前期的一次農民起義。北宋初，川峽地區的土地大多被官僚、豪強、寺觀霸佔。許多農民淪為客戶（包括旁戶），階級矛盾極為尖銳。宋太宗即位後，川峽天災頻仍，餓殍載道，民不聊生。淳化四年（993年），在永康軍青城縣（今四川都江堰市南）爆發了王小波、李順起義。起義軍在成都建立大蜀政權，李順為大蜀王，年號應運。至道二年五月，李順餘部王鸕茲在邛蜀山區稱邛南王，攻打邛州、蜀州，不久亦告失敗。王小波、李順起義在中國農民戰爭史上，第一次明確地提出了「均貧富」的口號。

澶淵之盟

　　宋真宗景德元年（1004年），遼蕭太后與遼聖宗耶律隆緒以收復瓦橋關（今河北雄縣舊南關）為名，親率大軍深入宋境。蕭撻凜攻破遂城，生俘宋將王先知，力攻定州，俘虜宋朝雲州觀察使王繼忠，宋軍憑守堅城。遼朝統軍蕭撻凜恃勇，率數十輕騎在澶州城下巡視。宋軍大將張環（一說周文質）在澶州前線以伏駑射殺遼南

京統軍使蕭撻凜，頭部中箭墜馬，遼軍士氣受挫，蕭太
后等人聞撻凜死，痛哭不已，為之「輟朝五日」。此時
宋真宗一行抵澶州。寇准力促宋真宗登上澶州北城門樓
以示督戰，「諸軍皆呼萬歲，聲聞數十里，氣勢百倍」。
雙方於十二月初達成停戰協議，宋廷方面由曹利用負責
與蕭太后談判。於次年初與遼訂立和約。史稱「澶淵之
盟」。

好水川之戰

　　延州之戰後，西夏軍對宋西北邊地的進擾愈加頻
繁。康定二年正月，宋廷為遏制夏軍，採納陝西經略安
撫副使韓琦的建議，擬發涇原、鄜延兩路兵反擊。因同
任副使范仲淹持異議，仁宗命諸臣再議。

　　夏景宗元昊乘宋進兵未決，再度攻宋。元昊率兵10
萬直抵好水川地區。元昊為發揮騎兵優勢，採用設伏圍
殲的戰法，將主力埋伏於好水川口，遣一部兵力至懷遠
城（今寧夏西吉縣偏城）一帶誘宋軍入伏。

　　此戰，元昊運籌周密，預先設伏，誘宋軍就範，發
揮騎兵優勢，突然襲擊，一舉獲勝，是一次成功的伏擊
戰。

慶歷和議

西夏連續對宋發動了三次大規模的戰事，宋朝每次都遭到慘敗。西夏雖屢勝，但擄掠所獲財物與先前依照和約及通過榷場貿易所得物資相比，實在是得不償失。慶歷四年（1044年），宋朝與西夏最後達成協議。

和約規定：夏取消帝號，名義上向宋稱臣；宋夏戰爭中雙方所擄掠的將校、士兵、民戶不再歸還對方；從此以後，如雙方邊境之民逃往對方領土，都不能派兵追擊，雙方互相歸還逃人；雙方在本國領土上可以自由建立城堡；宋朝每年賜給西夏銀5萬兩（舊制，下同），絹13萬匹，茶2萬斤；另外，每年還在各種節日賜給西夏銀22000兩，絹23000匹，茶1萬斤。慶歷和議達成後，元昊多次派遣使者到宋朝，請求宋朝開放邊境地區的互市。

慶歷五年，宋朝政府決定在保安軍（今陝西志丹）和鎮戎軍（今寧夏固原）的安平皆設置兩處榷場，恢復了雙方貿易往來。

慶歷新政

宋代仁宗慶歷年間進行的改革。宋仁宗時，官僚隊伍龐大，行政效率低，人民生活困苦，遼和西夏威脅著北方和西北邊疆。慶歷三年（1043年），范仲淹與富弼提出明黜陟、抑僥倖、精貢舉、擇官長、均公田、厚農桑、修武備、減徭役、覃恩信、重命令等10項以整頓吏治為中心的改革主張。

宋仁宗採納了大部分意見，施行新政。由於新政觸犯了貴族官僚的利益，因而遭到他們的阻撓。五年初，范仲淹、韓琦、富弼、歐陽修等人相繼被排斥出朝廷，各項改革也被廢止。

市舶司

中國古代官署名。負責對外（海上）貿易之事。唐時對外開放，外商來貨貿易，廣州等城市就成了重要通商口岸，國家在此設市舶司，或特派，或由所在節度使兼任。其職掌檢查進出船舶蓄貨、征榷、貿易諸事，五代時廢止。宋代重視海外貿易，開寶四年（971年）在廣州設市舶使，掌海上貿易。徽宗崇寧元年七月又在杭

州、明州（今寧波）、密州（今山東膠縣）、秀州（今
上海淞江縣）等地設市舶司，負責檢查進出船隻商貨、
收購專賣品、管理外商。建炎（1127年～1130年）初罷
閩、浙市舶司，職歸轉運司。元同來制，世祖時，於廣
東置市舶提舉司，武宗至大時（1308年～1310年）罷。
仁宗弛禁，改立泉州、廣州、慶元三市舶提舉司，掌發
放船舶出海公檢、公憑，檢查出海船舶及管理所轄口岸
船隻事宜。明代於沿海各處置市舶提舉司，掌海外各國
朝貢市易之事。嘉靖後，僅留廣東一處。

清初實行關閉政策，對外通商口岸僅限澳門一地。
康熙二十二年（683年）弛禁，開廣州、漳州、寧波、
雲台山（今連雲港）四口貿易。乾隆時僅留廣州一口通
商。鴉片戰爭後，設稅務司、總稅務司管理海關諸事，
大權落入洋人之手。

活字印刷術

北宋仁宗時期，畢昇發明了活字印刷術，用膠泥刻
成單個字，印刷的排版，一版印完以後，拆版再印，字
印可以重複使用，和雕版印刷相比，極為神速。活字印
刷術的發明，大大提高了書籍的印刷速度，是印刷史上
具有里程碑意義的事件。

火藥的發明

　　中國古代煉丹家在煉製丹藥的過程中，嘗試用硝石、硫黃、雄黃和含碳物質的藥料。這些物質混合在一起加熱，就發生猛烈的燃燒甚至爆炸現象。北宋初年，火藥走出了煉丹家的丹房，被運用到軍事領域，引起了軍事科學的巨大變革。宋朝在與遼、金、元的戰爭中，使用了大量的火藥武器。在宋末元初時，隨著中外交通貿易的發展和元朝軍隊的遠征，火藥、火器相繼傳至南亞、西亞、阿拉伯和歐洲。

王安石變法

　　熙寧元年（1068年），宋神宗即位，立志革新，於熙寧元年（1068年）四月，召王安石入京，變法立制，富國強兵，改變積貧積弱的現狀。變法中，王安石建立了一個指導變法的新機構——制置三司條例司，條例司撤銷後，由司農寺主持變法的大部分事務。呂惠卿、曾布等人參與草擬新法。新法內容包括：均輸法、市易法、免行法、青苗法、募役法、方田均稅法、農田水利法、將兵法、保甲法、保馬法等。王安石變法以「富國

「強兵」為目標，從新法實施，到守舊派廢罷新法，前後將近15年時間。各項新法或多或少地觸犯了中、上級官員、皇室、豪強和高利貸者的利益，最終被罷廢。

方臘、宋江起義

北宋末年，先後發生的兩次下層民眾造反事件。宣和元年（1119年），宋江等三十六人聚眾梁山泊（今山東東平南），舉旗造反。隨後四處攻略，活動範圍在河北、山東一帶，先後攻略十餘州軍。宣和三年（1121年）二月，宋江等進攻海州（今江蘇連雲港）時，被海州知州張叔夜襲敗，宋江等投降。

宣和二年，睦州青溪（今浙江淳安）人方臘利用摩尼教在幫源峒聚眾萬人起事。方臘稱聖公，建元永樂，分設官署。隨後攻克睦、歙、杭、處、衢、婺等州縣，眾至數十萬。宣和三年初，宋廷任命童貫為江、淮、荊、浙等路宣撫使，領十五萬大軍南下鎮壓。方臘控制的州縣相繼失陷。四月，方臘率部退守幫源峒，與官軍決戰，所率七萬人皆戰死，方臘被俘，押送汴京處決。餘部繼續在浙東轉戰近一年，後被消滅。

李綱抗金

　　在宋廷一派慌亂情況下，李綱向宋徽宗提出了傳位給太子趙桓，以號召軍民抗金的建議。趙桓（宋欽宗）即位後，升李綱為尚書右丞，就任親征行營使，負責開封的防禦。他率領開封軍民及時完成防禦部署，親自登城督戰，擊退金兵。金帥完顏宗望見開封難以強攻，轉而施行誘降之計，宋廷瀰漫了屈辱投降的氣氛。李綱因堅決反對向金割地求和，被宋欽宗罷官。由於開封軍民憤怒示威，迫使宋欽宗收回成命，李綱才又被起用。完顏宗望因無力攻破開封，在宋廷答應割讓河北三鎮之後，遂於靖康元年（1126年）二月撤兵。開封守衛戰在李綱組織下獲得勝利。

靖康之變

　　1115年，女真族傑出首領完顏阿骨打稱皇帝，建立金朝。金崛起後，佔領了遼國的許多土地，後來金和北宋聯合夾攻遼。在1125年，金軍俘獲遼的皇帝，遼國宣告滅亡。金滅遼以後，看到北宋統治腐朽，防備空虛，就在滅遼的當年冬天，揮軍南下，大舉進攻北宋。1127

年，金軍攻陷北宋的都城東京，擄走宋徽宗、宋欽宗以及后妃、宗室、大臣等3000多人，於是北宋滅亡，歷史上稱這一變故為「靖康之變」。

包拯

包拯（999年～1062年），字希仁，盧州合肥（今安徽合肥）人，漢族。出生於官僚家庭。生於北宋鹹平二年（999年）。天聖朝進士。累遷監察御史，建議練兵選將、充實邊備。奉使契丹還，歷任三司戶部判官，京東、陝西、河北路轉運使。入朝擔任三司戶部副使，請求朝廷准許解鹽通商買賣。改知諫院，多次論劾權幸大臣。授龍圖閣直學士、河北都轉運使，移知瀛、揚諸州，再召入朝，歷權知開封府、權御史中丞、三司使等職。嘉祐六年（1061年），任樞密副使。後卒於位，諡號「孝肅」。包拯做官以斷獄英明剛直而著稱於世。知盧州時，執法不避親黨。在開封時，開官府正門，使訟者得以直至堂前自訴曲直，杜絕奸吏。立朝剛毅，貴戚、宦官為之斂手，京師有「關節不到，有閻羅包老」之語。後世則把他當作清官的化身——包青天。

歐陽修

歐陽修（1007年～1072年），字永叔，自號醉翁，晚年號六一居士，謐號文忠，世稱歐陽文忠公，吉安永豐（今屬江西）人，北宋時期政治家、文學家、史學家和詩人。「唐宋八大家」之一。

北宋詩文革新運動的領導者。曾與宋祁合修《新唐書》，並獨撰《新五代史》。並著作著名的《醉翁亭記》。

《資治通鑑》

中國最大一部管理學典籍。《資治通鑑》，簡稱「通鑑」，是北宋司馬光所主編的一本長篇編年體史書，共294卷，耗時19年。

記載的歷史由周威烈王二十三年（前403年）寫起，一直到五代的後周世宗顯德六年（959年）征淮南，計跨16個朝代，共1363年。它是中國第一部編年體通史，在中國史書中有極重要的地位。它是一部集僱員、僱主；低層、中層、高層務工者；決策者的行為思想、能動思想、管理思想於一身的典籍名錄；它以思想來感化

每一層面的人，它以事例來教化你在工作後如何界定自己的內心崗位及應遵循的職責，它是所有管理書籍的鼻祖。

《清明上河圖》

　　中國十大傳世名畫之一。北宋風俗畫作品，寬24.8厘米（24.8公分），長528.7厘米（528.7公分），絹本設色，是北宋畫家張擇端存世的僅見的一幅精品，屬一級國寶。作品以長卷形式，採用散點透視的構圖法，將繁雜的景物納入統一而富於變化的畫卷中，畫中主要分開兩部分，一部分是農村，另一部是市集。畫中有814人，牲畜83匹，船隻29艘，房屋樓宇30多棟，車13輛，轎8頂，橋17座，樹木約180棵，往來衣著不同，神情各異，栩栩如生，其間還穿插各種活動，注重情節，構圖疏密有致，富有節奏感和韻律的變化，筆墨章法都很巧妙，頗見功底。

　　這幅畫描繪的是汴京清明時節的繁榮景象，是汴京當年繁榮的見證，也是北宋城市經濟情況的寫照。通過這幅畫，我們瞭解了北宋的城市面貌和當時各階層人民的生活。總之，《清明上河圖》具有極高的史料價值。

宋詞

　　宋詞是繼唐詩之後的又一種文學體裁，基本分為：婉約派、豪放派兩大類。

　　宋詞是中國古代文學皇冠上光輝奪目的一顆巨鑽，在古代文學的閬苑裡，它是一塊芬芳絢麗的園圃。它以奼紫嫣紅、千姿百態的丰神，與唐詩爭奇，與元曲鬥妍，歷來與唐詩並稱雙絕，都代表一代文學之勝。

　　遠從《詩經》、《楚辭》及《漢魏六朝詩歌》裡汲取營養，又為後來的明清戲劇小說輸送了有機成分。直到今天，它仍在陶冶著人們的情操，給我們帶來很高的藝術享受。

宋朝四大書院

　　江西廬山的白鹿洞書院、湖南長沙的岳麓書院、河南嵩山的嵩陽書院、河南商丘的應天府書院。

◆ 南宋

宗澤保衛東京

　　建炎元年（1127年）六月，因李綱推薦，宗澤出任東京留守、知開封府（今河南），負責守衛舊都。宗澤到任後，大力加強開封的守備，積極募集新軍，加以訓練，同時和河北的忠義民兵，特別是王彥的「八字軍」、五馬山寨義軍等建立密切聯繫，使以前散在各地的一些農民起義軍，如河北的楊進、李貴，河東的王善等都自動投奔到他的旗幟之下、聽他節制。開封的形勢迅速好轉，守備大大加強，多次打敗了金軍的進攻。

　　在這種形勢下，宗澤堅決要求朝廷派大軍北伐、收復失地，並請求高宗速還汴京。但他的出兵計劃一直得不到高宗的批准，他20多次奏請高宗還京，均為黃潛善、汪伯彥所阻，不被採納。宗澤憂憤成疾，疽發於背，建炎二年（1128年）七月病逝，終年70歲。

　　死前一日，他長吟「出師未捷身先死，長使英雄淚滿襟」的名句，並囑咐部將們要繼續抗金，至臨終無一語言及家事，只是連呼三聲「過河」，念念不忘抗金大業。汴京失去了宗澤的守衛，很快落入金軍手中。

建康之戰

1129年，金將兀朮率軍渡江南侵，尾追高宗不及，擄掠一番後北歸，在黃天蕩（今江蘇南京附近）遭到宋將韓世忠的截擊，逃往建康。岳飛率兵出擊，半月內多次大敗金軍，殲敵三千，收復建康。這是岳家軍首次大捷。

鍾相、楊麼起義

南宋初，金軍不斷南侵，戰爭對江南一些地區破壞極大。南宋政府又橫徵暴斂，被金軍擊潰的宋朝官軍又乘機搶劫，民不聊生。建炎四年（1130年），鍾相、楊麼遂率眾起義。起義者提出較進步的「等貴賤，均貧富」的政治綱領。起義軍很快便佔領了鼎州、澧州、潭州、岳州等州所屬的19個縣。紹興三年（1133年）四月，義軍控制了東起岳陽，西至枝江（今屬湖北），南抵長沙界，北達公安的廣大地區，起義軍多次擊敗官軍水師。紹興三年後，南宋朝廷派程昌寓、王燮等人率軍前來鎮壓，然屢戰屢敗。紹興五年（1135年），高宗派岳飛前來鎮壓。終於擊敗起義軍。

嘉定和議

隆興和議之後，宋金休戰了40多年。金章宗（1190年～1208年）在位晚期，金朝北邊受到蒙古族的侵逼，內部又有各族人民的反抗。南宋重臣韓侂冑便趁機對金用兵，進行北伐。

1206年（開禧二年）五月，宋分道進兵。初時收復了一些地方，不久，金援兵大量南下，宋軍大敗。金人要求懲辦戰爭禍首，主和派禮部侍郎史彌遠等竟殺死韓侂冑，韓其首送給金人。1208年（嘉定元年），雙方重定和約，史稱「嘉定和議」。這次和議是南宋對金另外一次的屈辱媾和。

岳飛

岳飛（1103年～1142年）民族英雄，軍事家、抗金名將。字鵬舉，諡武穆，後改諡忠武。河北（今河南）相州湯陰永和鄉孝悌裡人（今安陽市湯陰縣城東30里的菜園鎮程崗村）。岳飛19歲時投軍抗遼。紹興十一年（1142年）十二月二十九日，秦檜以「莫須有」的罪名將岳飛毒死於臨安風波亭，1162年，宋孝宗時詔復官，

謚武穆，寧宗時追封為鄂王，改謚忠武，有《岳武穆集》。岳飛作為中國歷史上的民族英雄，其精忠報國的精神深受中國各族人民的敬佩。其在出師北伐、壯志未酬的悲憤心情下寫的千古絕唱《滿江紅》。

文天祥

文天祥（1236年～1283年）漢族，廬陵（今屬江西吉安）人。原名雲孫，字宋瑞，又字履善，自號文山，浮休道人，南宋傑出的民族英雄和愛國詩人。著《文山全集》，名篇有《正氣歌》《過零丁洋》等。宋理宗寶祐時進士。官至丞相，封信國公。

臨安危急時，他在家鄉招集義軍，堅決抵抗元兵的入侵。後不幸被俘，在拘囚中，大義凜然，終以不屈被害，文天祥以忠烈名傳後世，受俘期間，元世祖以高官厚祿勸降，文天祥寧死不屈，從容赴義，生平事跡被後世稱許，與陸秀夫、張世傑被稱為「宋末三傑」。

他晚年的詩詞，反映了他堅貞的民族氣節和頑強的戰鬥精神。風格慷慨激昂，蒼涼悲壯，具有強烈的感染力。著作有《文山先生全集》、《文山樂府》。

唐宋八大家

　　唐宋八大家是唐宋時期八大散文代表作家的合稱，即唐代的韓愈、柳宗元和宋代的蘇洵、蘇軾、蘇轍、歐陽修、王安石、曾鞏。

宋四家

　　蘇軾、黃庭堅、米芾、蔡襄被稱為最能代表宋代書法成就的書家，被稱為「宋四家」。

《洗冤集錄》

　　《洗冤集錄》是中國古代法醫學著作。南宋宋慈著，刊於宋淳祐七年（1247年），同時也是世界上現存第一部系統的法醫學專著。宋代，法醫方面的知識有了比較迅速的進步，有無名氏的《內恕錄》，1200年鄭克的《折獄龜鑑》，1213年桂萬榮的《棠陰比事》以及趙逸齋的《平冤錄》、鄭興裔的《檢驗格目》等有關法醫檢驗的著作接連問世。在這樣的基礎之上，出現了中國

歷史上第一部有系統的法醫學著作——《洗冤集錄》，
它也是世界上比較早的法醫專著。

宋代五大名窯

　　宋瓷是宋代文化的主要構成部分，是兩宋文化的一
朵絢麗的奇葩。宋瓷在當時的海外貿易中，以成為風靡
世界的名牌商品。宋瓷有民窯、官窯之分、有南北地域
之分。所謂官窯，就是國家中央政府辦的窯，專門為皇
宮，王室生產的用瓷；所謂民窯，就是民間辦的窯，生
產民間用瓷。宋瓷窯場首推汝窯、官窯、哥窯、鈞窯、
定窯。後人稱之為「宋代五大名窯」。

世界上最早的紙幣：交子

　　北宋時期，中國出現了紙幣——「交子」。紙幣的
出現是貨幣史上的一大進步。漢武帝時期因長年與匈奴
作戰，國庫空虛，為解決財政困難，在鑄行「三銖錢」
和「白金幣」（用銀和錫鑄成的合金幣）的同時，又發
行了「白鹿皮幣」。所謂「白鹿皮幣」，是用宮苑的白
鹿皮作為幣材，每張一方尺，周邊彩繪，每張皮幣定值

40萬錢。由於其價值遠遠脫離皮幣的自身價值,因此「白鹿皮幣」只是作為王侯之間貢贈之用,並沒有用於流通領域。「飛錢」出現於唐代中期,當時商人外出經商帶上大量銅錢有諸多不便,便先到官方開具一張憑證,上面記載著地方和錢幣的數目,之後持憑證去異地提款購貨。此憑證即「飛錢」。「飛錢」實質上只是一種匯兌業務,它本身不介入流通,不行使貨幣的職能,因此也不是真正意義上的紙幣。北宋時期四川成都的「交子」則是真正紙幣的開始。

◆ 遼朝

耶律阿保機建國

契丹族起源於東胡語系的鮮卑族,南北朝以來就在今西拉木倫河一帶活動。842年,契丹擺脫了回鶻的統治,逐漸發展起來。907年,耶律阿保機成為契丹可汗,經過幾年征戰,於916年稱帝,建國「大契丹」,年號神冊。

景宗中興

969年，遼穆宗被弒，世宗之子耶律賢繼位，是為景帝。當時，遼朝由於統治集團內部紛爭不已，已呈現衰敗跡象。景帝繼位後，進行了一系列的革新，改革吏治，任用賢能。並於979年在高粱河之戰中擊敗宋軍，穩定了政局，為遼朝的中興奠定了基礎。

契丹文字

契丹民族在建立了契丹王朝後，為了適應政治、經濟和文化等方面的需要，曾參照漢字先後創造了兩種文字，用以記錄契丹語。神冊五年（920年）由耶律魯不古、耶律突呂不所創制的一種契丹大字，共三千餘字。後來又由耶律迭剌創制的已發展到拼音文字初級階段的一種，稱契丹小字。兩種契丹文字在遼代與漢字並行。

遼滅金興，契丹字又與女真字和漢字並行於金朝境內。明昌二年（1191年），金章宗完顏璟明令廢除契丹文字，契丹字在金朝境內逐漸絕用，但在中亞河中地區的西遼則繼續行用。至明代已無人認識。

聖宗改革

遼聖宗耶律隆緒在位期間，在蕭太后賀韓德讓等賢臣的輔佐下，進行了一系列改革，包括整頓吏治開科舉，修訂法律，改革賦稅，重編部族等等，效果十分顯著，使契丹社會完成封建化的過程，從而將遼朝推向了極盛時期。

興宗親征西夏

1044年，黨項及山西五部歸附西夏，於是興宗率大軍討伐西夏。夏主元昊見遼大軍壓境，連忙上表請戰，還沒等元昊到達遼營，遼軍就發起進攻，結果被夏軍擊敗，雙方議和。1049年，興宗再次親征西夏，大獲全勝。西夏向遼朝稱臣，雙方再次議和。

西遼國

金兵滅遼後，隨即南下侵掠。遼朝西北地區的各遊牧部落，並無戰事。耶律大石領兵至鎮州（今蒙古鄂爾

渾河上游，哈達桑東北古回鶻城），召集西北地區十八
個部落，徵兵萬人，設置官員，重新組成統治機構。延
慶七年（1130年），耶律大石率部經回鶻西行，至葉密
立（今新疆塔城一帶），征服突厥各部落。耶律大石建
號稱帝，號天祐皇帝，又號古兒汗，耶律大石仍用遼國
號，史稱西遼，又稱哈喇契丹（黑契丹）。

蕭太后

　　蕭太后（953年～1009年），名綽，小字燕燕。是遼
景宗耶律賢的皇后，歷史上被稱為「承天太后」，遼史上
著名的女政治家、軍事家。遼朝皇室耶律氏和蕭氏世為婚
姻，皇后多為蕭氏。我們一般說的蕭太后，是遼景宗耶律
賢的妻子蕭燕燕。蕭燕燕名蕭綽，遼北院樞密使兼北府宰
相蕭思溫之女。

　　蕭燕燕的形象對人們來說其實並不陌生，她就是
《楊家將》裡面殺伐決斷的蕭太后。不過歷史上的蕭太
后卻不像小說所描寫的那樣是率領虎狼之師與北宋大戰
燕雲十六州的母夜叉，而是一個清正賢良、深明大義，
為遼朝的發展做出了重大貢獻的女功臣。

蕭觀音

蕭觀音，遼代女作家。遼道宗耶律洪基懿德皇后，死後追諡宣懿。她愛好音樂，善琵琶，工詩，能自制歌詞。曾作《伏虎林應制》詩、《君臣同志華夷同風應制》詩等，被道宗譽為女中才子。後來，由於諫獵秋山被疏，作《回心院》詞10首，抒發幽怨悵惘心情。太康初年，被耶律乙辛等人誣陷，含冤而死。

◆ 西夏

元昊改制

1031年，黨項族拓跋氏首領德明逝世，太子元昊繼位。他一向主張拓跋氏應當建國立邦，所以繼位後就進行了一系列改革：他首先廢了唐、宋兩朝賜的國姓，又改元顯道，頒布禿髮令，並且建立完整的文武官制合兵制，創設西夏文字，制定禮樂。至此，西夏立國的條件日漸成熟。

西夏建立

元昊即位後，將都城興州（今寧夏銀川）升為興慶府，並於1038年在城南築壇，即皇帝位，國號大夏，以興慶府為國都。次年，元昊遣使入告北宋，並且仿照北宋完善了官制。至此，西夏建國。

天盛之制

1139年，西夏仁宗即位。當時，西夏連遭地震、饑荒之災，為緩和社會矛盾，仁宗下令賑濟災民，歸還宋俘，平息各地叛亂，使局面逐漸穩定下來。接著，仁宗實行了推崇儒學、開設科舉、修訂法律、發展生產等一系列有利於社會發展的政策。在他的統治下，西夏國內秩序穩定，經濟繁榮，幅員遼闊，成為西夏的盛世。

河西失陷

西夏神宗時，西夏軍多次被蒙古大軍打敗，被迫與蒙古合兵攻打金國，國力日益衰敗。1223年，西夏軍與

蒙古軍攻打鳳翔（今陝西鳳翔）時，因為久攻不下，西夏軍統領竟領兵不辭而別。神宗怕蒙古責難，被迫讓位給太子德旺，為夏獻宗。德旺即位後，結交漠北各部共拒蒙古，成吉思汗得知此事，派兵攻夏。德旺畏懼請降，蒙古退兵，可德旺沒有按照約定遣子入蒙古為質，而且接納了叛逃而來的蒙古貴族。成吉思汗以此為由，於1226年親率10萬大軍伐夏，佔領了河西之地。

◆ 金朝

完顏阿骨打建國

1112年，遼天祚帝在混頭江舉行大魚宴（春季第一次由皇帝親自釣魚並舉行的宴會），女真各部依例前來朝會。席間，天祚帝命令女真各部首領歌舞助興，只有遼女真節度使阿骨打不肯依從，引起群臣不滿。此後，阿骨打開始進行反遼的準備，1114年，完顏阿骨打率2500人起兵反遼，攻破寧江州（今吉林扶余東），勢力迅速壯大起來。1115年，完顏阿骨打即皇帝位，建國號大金，他就是金太祖。

完顏阿骨打

完顏阿骨打（1068年～1123年）名阿骨打，漢名旻，虎水（今黑龍江哈爾濱東南阿什河）女真族完顏部首領。金的建立者。完顏部酋長烏骨乃之孫，劾裡鉢之次子，善射騎，力大過人。

遼天慶三年（1113年）十月，其兄完顏烏雅束死，繼位女真各部落聯盟長，稱都勃極烈。天慶四年，率2500人起兵叛遼，破寧江州（今吉林扶余束南）。蕭嗣先率7000精兵集結於出河店，阿骨打率兵3700乘夜奔襲，渡混同江（今松花江），大敗遼軍。

天慶五年（1115年）正月，阿骨打在會寧（今黑龍江阿城南白城）稱帝，建立大金，年號收國，改名完顏旻。是年九月攻佔黃龍府城（今吉林農安）。

天輔四年（1120年），與宋朝訂攻遼計劃，攻陷遼上京臨潢府（今內蒙古巴林左旗南）。天輔六年（1122年），取遼中京（今內蒙古寧城西），是年年底，攻陷燕京（今北京）。天輔七年（1123年）八月返金上京（今黑龍江省阿城附近）途中病逝。他死後諡號是應乾興運昭德定功仁明莊孝大聖武元皇帝，廟號是太祖。

女真族

　　遼朝、金朝、宋朝版圖女真（或女貞與女直），亦作女真族，源自3000多年前的「肅慎」，漢朝——晉朝時期稱「挹婁」，南北朝時期稱「勿吉」（讀音「莫吉」），隋——唐稱「黑水靺鞨」，遼——金時期稱「女真」、「女直」（避遼興宗耶律宗真諱）。

金太宗滅遼

　　1123年，金太祖完顏阿骨打去世，其弟完顏晟繼位，是為太宗。太宗繼承太祖滅遼的方針，繼續發兵征討遼國。1122年，遼天祚帝在太祖的進攻下，逃往西夏境內。太宗派使對夏主曉以利害，夏國奉表稱臣。1124年，天祚帝重新出兵，結果大敗被俘，1125年遼滅亡。

金熙宗改革

　　1135年，金熙宗即位，對金朝政治、經濟等方面進行了重大改革。首先廢除舊制度，採用漢官制度，建立

了新的官制，並且頒行了統一的法律，在經濟方面，實行計口授地，解放奴婢，興修水利，使金朝生產復甦，人民安居樂業，社會經濟穩定發展。

金世宗治世

1161年，金世宗即位後，遷都中都（今北京），為改變國勢不安定的局面，採取了一系列政策，任人唯賢、虛心納諫、發展生產、減輕賦稅和徭役。並且與南宋議和，與西夏、高麗和平共處，為生產的恢復和發展創造了條件。

金世宗在位近30年，金朝封建化完成，社會上出現了繁榮的局面。

中都失守

1213年，金朝面臨蒙古南侵、中都失守的局面，於是宣宗決定南遷，百官極力勸阻，但宣宗仍然一意孤行，於1214年五月下召南遷，七月，抵達汴京。宣宗南遷時命右丞相兼都元帥完顏承暉、左副元帥完顏抹撚盡忠與皇太子留守中都。

　　成吉思汗得知宣宗南遷後立即下令大軍立圍中都，中都告危。完顏承暉以為完顏抹撚盡忠久居軍旅，熟知兵事，便將軍中所有軍事都委託給他，蒙古兵臨城下，抹撚盡忠卻棄城南逃，中都失守，完顏承暉自盡殉國。

元好問

　　元好問，字裕之，號遺山，世稱遺山先生。山西晉城人。生於金章宗明昌元年（1190年）七月初八，卒於元憲宗蒙哥七年（1257年）九月初四日，其墓位於忻州市城南五公里韓巖村西北。他是中國金末元初最有成就的作家和歷史學家，文壇盟主，是宋金對峙時期北方文學的主要代表，又是金元之際在文學上承前啟後的橋梁。其詩、文、詞、曲，各體皆工。詩作成就最高，「喪亂詩」尤為有名；其詞為金代一朝之冠，可與兩宋名家媲美；其散曲雖傳世不多，但當時影響很大，有倡導之功。著有《元遺山先生全集》，詞集為《遺山樂府》。

◆ 元朝

元朝建立

　　1260年，忽必烈在開平（今內蒙古正藍旗東）即位。同時，他的弟弟阿里不哥也在國都和林即大汗位，兄弟二人開始了爭位的鬥爭。1264年，阿里不哥眾叛親離，只好投降。1271年，忽必烈宣佈建國號大元，他就是元世祖。

四等人制

　　元代法定的民族等級制度。元代，蒙古貴族以少數民族統治階級成為全國的統治者，為保持自己的特權地位和維護對人口遠遠超過本族的漢族及其他少數民族的統治，進一步推行民族壓迫和民族分化政策，根據民族和被征服的先後，分人為蒙古、色目、漢人、南人四等。第一等蒙古人為國族；第二等為色目人；第三等漢人（又稱漢兒）；第四等南人（又稱蠻子、囊加歹、新附人），指最後為元征服的原南宋境內（元江浙、江西、湖廣三行省和河南行省南部）各族。元代統治者實

行四等人制，旨在利用民族分化手段以維護其本身的特權統治。四等人制的實行，使元朝的社會矛盾更加複雜、尖銳，從而加速了元朝的滅亡。

驅口

元代有明確的良民和賤民之分，「驅口」是賤民的一種，其稱呼有多種：部曲戶、奴隸、奴婢、家奴以及「驅口」，名不同而實則一。

「驅口」的來源有三：

一、蒙古貴族和色目地主在戰爭中擄掠來的中原人民以及戰俘，甚至在「承平盛世」擄掠中原人民為「驅口」的事也時有發生。被擄掠人口有一部分被釋放為編民（國家普通公民），但大部分賜給有功者為「驅口」。

二、統治階級內部，因貧富分化加劇，使得許多小生產者（包括蒙古平民）因償還不了債務而淪為「驅口」。

三、用貨幣購買而來，尤其在災荒年代，被遇無奈賣身為「驅口」的現象十分嚴重。

行中書省

　　元朝地方最高行政機構，並為一級政區名稱。簡稱行省，或只稱省。元置中書省總理全國政務，也稱都省；因幅員遼闊，除腹裡地區直隸於中書省、吐蕃地區由宣政院管轄外，又於諸路重要都會設立十個行中書省，以分管各地區。

　　在世祖、武宗朝三次短期設立尚書省主管政務期間，行中書省也相應改稱行尚書省。元人稱其制為：「都省握天下之機，十省份天下之治。」

仁宗之治

　　元仁宗，愛育黎拔力八達，是元朝第四位皇帝，自幼讀漢族典籍。他即位後整頓吏治，廢除武宗時設立的尚書省，仍恢復原來的中書省，並將武宗一朝的當權人物處死，恢復各地的行中書省，懲治地方貪官污吏，嚴禁諸王、貴戚的擾民行為。此外，他還倚重漢人文臣，推行漢法，尊孔崇儒，仿照唐宋歸制，恢復科舉取士。

宣政院

元朝掌管全國佛教事務並統轄吐蕃地區的中央機構。初名總制院，於至元元年（1264年）設立。由國師（為贈號，系皇帝封賜僧人的尊號）總領。二十五年，以唐制在宣政殿接見吐蕃使臣，故改稱宣政院。如遇吐蕃有事，則臨時設置宣政分院赴當地處理。

紅巾軍起義

元朝後期，以蒙古族貴族為主的統治階級，對各族特別是漢族人民的掠奪和奴役十分殘酷。官府橫徵暴斂，苛捐雜稅名目繁多，全國稅額比元初增加20倍。在這種情況下，劉福通遂利用白蓮教和彌勒教暗暗串通窮人。

1351年在穎州準備起義。因起義軍頭裹紅巾，故稱「紅巾軍」，群眾紛紛加入紅巾軍，隊伍迅速擴大到幾十萬人。為推翻元朝的反動統治，起義軍提出以「明」斗「暗」的口號，鼓舞群眾向封建官府作鬥爭。

1363年，北方紅巾軍在安豐之役中敗給新興並降元的張士誠，劉福通戰死，韓林兒投奔朱元璋，隨後被

殺，南方紅巾軍將領陳友諒於1360年殺徐壽輝自代。此後各群雄互相爭戰，已漸失去原本紅巾軍的性質。

馬可‧波羅

馬可‧波羅（1254年～1324年）世界著名的旅行家、商人。馬可‧波羅17歲時跟隨父親和叔叔，途經中東，歷時4年多來到中國，在中國遊歷了17年。回國後出了一本《馬可‧波羅遊記》。記述了他在東方最富有的國家——中國的見聞，激起了歐洲人對東方的熱烈嚮往，對以後新航路的開闢產生了巨人的影響。《馬可‧波羅遊記》，是歐洲人撰寫的第一部詳盡描繪中國歷史、文化和藝術的遊記。《馬可‧波羅遊記》在把中國文化藝術傳播到歐洲這一方面，具有重要意義。

《竇娥冤》

《竇娥冤》全名《感天動地竇娥冤》，《竇娥冤》是關漢卿的代表作，真實而深刻的反映了元蒙統治下中國社會極端黑暗、極端殘酷、極端混亂的悲劇時代，表現了中國人民堅強不屈的精神和爭取獨立生存的強烈要

求。它成功地塑造了「竇娥」這個悲劇主角的形象，使其成為元代被壓迫、被剝削、被損害的婦女的代表，成為元代社會底層善良、堅強而走向反抗的婦女的典型。

《西廂記》

《西廂記》全名《崔鶯鶯待月西廂記》。作者王實甫，這個劇一上舞台就驚倒四座，博得男女青年的喜愛，被譽為「西廂記天下奪魁」。歷史上，「願普天下有情人都成眷屬」這一美好的願望，不知成為多少文學作品的主題，《西廂記》便是描繪這一主題的最成功的戲劇。

《西廂記》故事，最早起源於唐代元稹的傳奇小說《鶯鶯傳》，敘述書生張珙與同時寓居在普救寺的已故相國之女崔鶯鶯相愛，在婢女紅娘的幫助下，兩人在西廂約會，鶯鶯終於以身相許。後來張珙赴京應試，得了高官，卻拋棄了鶯鶯，釀成愛情悲劇。

這個故事到宋金時代流傳更廣，一些文人、民間藝人紛紛改編成說唱和戲劇，王實甫編寫的多本雜劇《西廂記》就是在這樣豐富的藝術積累上進行加工創作而成的。

元曲四大家

　　元曲四大家指關漢卿、鄭光祖、馬致遠和白樸。

　　元曲四大家與元曲四大悲劇和四大愛情劇的作者並不是一一對應的，元曲四大悲劇是：

　　關漢卿的《竇娥冤》，白樸的《梧桐雨》，馬致遠的《漢宮秋》還有紀君祥的《趙氏孤兒》。

　　元曲四大愛情劇：

　　關漢卿的《拜月亭》，王實甫的《西廂記》，白樸的《牆頭馬上》還有鄭光祖的《倩女離魂》。

7. 明清時期

◆ 明朝

朱元璋建明

朱元璋以應天（今江蘇南京）為中心建立根據地之後，陸續消滅了陳友諒、張士誠、方國珍等割據勢力。1367年，大將軍徐達奉命率軍25萬北伐中原，由於朱元璋軍紀嚴明，又有一套正確的軍事戰略和順應民心的政策，所以北伐進展神速。

1368年，徐達大軍兵鋒直指大都，元順帝率后妃、太子逃往上都（今內蒙古正藍旗東）。北伐軍隨後進入大都，結束了元朝的統治。1368年正月初四，朱元璋即皇帝位，改國號大明，建元洪武，定都應天。

錦衣衛

明太祖朱元璋時所設御用拱衛司。為了監視、偵查、鎮壓官吏的不法行為，太祖先後任用親信文武官員

充當「檢校」,「專主察聽在京大小衙門官吏不公不法及風聞之事,無不奏聞。」明洪武二年（1369年）改設大內親軍都督府,十五年（1382年）設錦衣衛,作為皇帝侍衛的軍事機構。朱元璋為加強中央集權統治,特令其掌管刑獄,賦予巡察緝捕之權,下設鎮撫司,從事偵察、逮捕、審問活動,且不經司法部門。

▌▌ 胡惟庸案

明初,朱元璋對丞相胡惟庸專權擅政、結黨營私、驕橫跋扈的舉動極為不滿,採取種種方式對其制約。洪武十三年正月,有人上書告胡惟庸謀反,朱元璋遂以「枉法誣賢」、「蠹害政治」等罪名,將胡惟庸和塗節、陳寧等處死。胡惟庸死後,其謀反「罪狀」陸續被揭發。朱元璋為肅清「逆黨」,株連殺戮者達3萬餘人。前後延續達10年之久,朱元璋並作《昭示奸黨錄》佈告天下。「胡黨」而受株連至死或已死而追奪爵除的開國功臣有李善長、南雄侯趙庸、滎陽侯常遇春、永嘉侯朱亮祖、靖寧侯葉琦等1公、21侯。胡惟庸被殺後,朱元璋遂罷丞相,革中書省,並嚴格規定嗣君不得再立丞相;臣下敢有奏請說立者,處以重刑。丞相廢除後,其

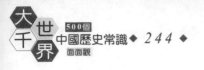

事由六部分理，皇帝擁有至高無上的權力，中央集權得到進一步加強。

《大明律》

《大明律》是中國明朝法令條例，由開國皇帝朱元璋總結歷代法律施行的經驗和教訓而詳細制定而成。《大明律》共分30卷，篇目有名例一卷，包括五刑（笞、杖、徒、流、死）、十惡（謀反、謀、大逆、謀叛、惡逆、不道、大不敬、不孝、不睦、不義、內亂）、八議（議親、議故、議功、議賢、議能、議貴、議賓），以及吏律二卷、戶律七卷、禮律二卷、兵律五卷、刑律十一卷、工律二卷，共460條。這種以六部分作六律總目的編排方式，是承《元典章》而來的，與《唐律》面目已不盡相同，在內容上也較《唐律》有許多變更。又增加了「奸黨」一條，這是前代所沒有的。在量刑上大抵是罪輕者更為減輕，罪重者更為加重。前者主要指地主階級內部的訴訟，後者主要指對謀反、大逆等民變的嚴厲措施。不准「奸黨」「交結近侍官員」，「上言大臣德政」等，反映了明朝初年朱元璋防止臣下攬權、交結黨援的集權思想。

改土歸流

　　廣西地區的「改土歸流」，自明代中葉以後便逐步開始。它是在土官與封建王朝的矛盾日益尖銳的情況下產生的。隨著社會生產力地不斷發展，土官制度越來越不適應社會的需要。廣大人民不斷的反抗鬥爭又動搖了土官制度的統治。與此同時，土官又日益與封建王朝鬧對立，反對封建王朝對他的管轄。這種有損於封建王朝國家統一的行為，明王朝自然是不能容忍的。於是「改土歸流」是勢在必行的了。

　　開始改流時，一般採取兩種辦法：一是從上而下，先改土府，後改土州。二是抓住一切有利時機進行，如有的土官絕嗣，後繼無人，或宗族爭襲，就派流官接任；土官之間互相仇殺，被平定後，即派流官接任；有的土官犯罪，或反王朝被鎮壓後，「以罪革職」，改由流官充任；有的在土民向封建王朝申請「改土歸流」時，王朝以所謂從民之意，革除土官世襲，改為流官。總之，封建王朝遇有機會，立刻抓緊改流。

布政使司

　　1376 年，明太祖著手整頓地方官制，下令改行中書省為承宣佈政使司，習慣上仍稱省，負責本地區的行政、民政及賦役徵收。與此同時，設立了提刑按察使司和都指揮使司，分別管理司法、軍事。三司不相統屬，各自直屬朝廷。分權鼎立，又互相牽制，有力地加強了朝廷對地方的控制能力。布政使司之下的地方行政機構，也由元朝的路、府（州）、縣三級簡化為府（或直隸州）、縣（州）二級。

里甲制

　　明太祖統一天下後，為了黃冊之編造及賦役徵收上的便利，在洪武十四年設立了里甲制。每裡有一百一十戶，由百十戶中選出丁糧多的十戶為里長，每人在十年中皆有充當一次里長的機會。剩下的一百戶則組成十甲，每甲十戶，每戶在十年內輪充一次甲首，除了十戶的里長戶之外，其他的百戶皆有當甲首的機會。設立里甲制之後，為了輔助它的運行，明太祖先後設立了兩個制度：一個是黃冊制度，一個是魚鱗圖冊。黃冊制度是

一種戶口的紀錄冊，對於里甲制之組成有莫大的幫助。魚鱗圖冊其作用在彌補黃冊之缺失，魚鱗圖冊提供了每一戶田土的消息，可作為徵收稅糧的參考。

三法司

明代，中央司法機關為刑部、大理寺、都察院，稱三法司。其中刑部是國家最高審判機關，相當於現在的最高法院。大理寺掌覆核，也具有現在最高法院的一些職能。督察院是國家最高監察機關，兼理刑名，亦擁有司法審判權。相當於現在的檢察院。

內閣

朱元璋為了加強中央集權，廢丞相，置華蓋殿、謹身殿、武英殿、文淵閣、東閣等大學士，為皇帝顧問。明成祖即位後，特派解縉、胡廣、楊榮等入午門值文淵閣，參與機務，稱為內閣。仁宗時，任用楊士奇、楊榮為華蓋殿、謹身殿大學士，權力加重。

巡撫

明朝中期開始設立巡撫，意思是代天子巡行安撫地方之臨時差使。全稱是「巡撫××地方都察院副都御史」，有時還加兵部侍郎銜，俗稱「都院」。到明末，巡撫由巡行變為常設，而且權利越來越大，行省正式官員（布政使等）反而成了虛設。

靖難之役

靖難之役，是明朝開國皇帝朱元璋死後不久爆發的一場統治階級內部爭奪皇位的戰爭。起於建文元年（1399年），建文帝因削藩引起燕王朱棣的不滿，以「清君側之惡」的名義聯合各個藩王舉兵反抗朝廷，至建文四年朱棣由燕王榮登皇位而結束，歷時4年。

遷都北京

永樂元年（1403年）正月，明成祖朱棣改北平為北京，永樂四年（1406年）七月，他派大臣宋禮等到四

川、湖廣、江西、浙江等地采木備料；第二年徵調23萬工匠、上百萬民夫及大量兵士建北京宮殿。永樂十八年（1420年），北京宮殿基本竣工。永樂十九年（1421年）正月，明朝遷都北京。

鄭和下西洋

1405年7月11日（明永樂三年）明成祖命鄭和率領龐大的240多艘海船、27400名船員組成的船隊遠航，訪問了30多個在西太平洋和印度洋的國家和地區，加深了中國同東南亞、東非的友好關係。

每次都由蘇州劉家港出發，一直到1433年（明宣德8年），他一共遠航了有7次之多。最後一次，宣德八年四月回程到古里時，在船上因病過逝。鄭和曾到達過爪哇、蘇門答臘、蘇祿、彭亨、真臘、古里、暹羅、阿丹、天方、左法爾、忽魯謨斯、木骨都束等30多個國家，最遠曾達非洲東岸，紅海、麥加，並有可能到過澳大利亞。

《永樂大典》

初名《文獻大成》。明永樂元年（1403年）七月，明成祖朱棣命解縉、姚廣孝、王景、鄒輯等人纂修大型類書，永樂二年十一月編成《文獻大成》。

《永樂大典》是中國古代編纂的一部大型類書，是中華民族珍貴的文化遺產。全書正文22877卷，凡例和目錄60卷，裝成11095冊，總字數約3.7億字。書中保存了中國上自先秦，宋元以後的佚文秘典，下迄明初的各種典籍資料達8000餘種，是中國古代最大的百科全書。

土木堡之變

1449年，蒙古族瓦剌部落首領也先遣使2000餘人貢馬，向明朝政府邀賞，由於宦官王振不肯多給賞賜，並減去馬價的五分之四，沒能滿足他們的要求，就製造釁端。遂於這年七月，統率各部，分四路大舉向內地騷擾。

明英宗朱祁鎮在王振的煽惑與挾持下，準備親征。8月1日，明軍進到大同。也先為誘明軍深入，主動北撤。明軍至宣府，瓦剌大隊追兵追襲而來，明軍3萬騎兵被「殺掠殆盡」。13日，狼狽逃到土木堡，瓦剌軍已

緊逼明軍。明50萬大軍，「死傷過半」。這次戰役，明史上稱為「土木之敗」。這次大敗影響深遠，成為明王朝由初期進入中期的轉折點。

二十四衙門

二十四衙門是明代宦官體制，是宦官侍奉皇帝及其家族的機構。內設十二監，四司，八局，統稱二十四衙門。

十二監：司禮監，御馬監，內官監，司設監，御用監，神宮監，尚膳監，尚寶監，印綬監，直殿監，尚衣監，都知監。

四司：惜薪司，鐘鼓司，寶鈔司，混堂司。

八局：兵仗局，銀作局，浣衣局，巾帽局，針工局，內織染局，酒醋面局，司苑局。

司禮監：為整個宦官系統中最高的權力機構，「無宰相之名、有宰相之實」。

六部

特指明清中央行政機構中直接對皇帝負責的吏部、戶部、禮部、兵部、刑部及工部。明代廢中書省，六部乃直接對皇帝負責，成為主管全國行政事務的最高機構。各部置尚書一人，總管本部政務，下有左右侍郎各一人，為尚書之副。

吏部為管理文職官員的機關，掌品秩銓選之制，考課黜陟之方，封授策賞之典，定籍終制之法。戶部掌全國疆土、田地、戶籍、賦稅、俸餉及一切財政事宜。禮部掌典禮事務與學校、科舉之事。兵部職掌全國軍衛、武官選授、簡練之政令。刑部為主管全國刑罰政令及審核刑名的機構，與督察院管稽查、大理寺掌重大案件的最後審理和覆核，共為「三法司制」。工部為管理全國工程事務的機關。

北京保衛戰

土木堡之變後，主戰派官員于謙毅然負起守衛北京的重任，並立英宗之弟朱祁鈺為帝，使瓦剌想借英宗要挾明廷的願望落空。1421 年，瓦次首領也先率瓦剌軍挾

持英宗進抵北京城外，與于謙指揮的明軍激戰五天，最後被擊敗，只好退出塞外。京師保衛戰的勝利，粉碎了也先想奪取北京的野心，明朝轉危為安。

奪門之變

1449年八月，明英宗在土木之變中被俘。九月，兵部尚書于謙、吏部尚書王文等擁立英宗弟郕王朱祁鈺為帝，遙尊英宗為太上皇。次年，英宗被釋歸，為景帝幽禁於南宮。

景泰八年正月，石亨見景泰疾甚，即與張軏、太曹吉祥等密謀發動政變，擁英宗復辟。是月十六日夜，徐有貞、石亨等引軍千餘潛入長安門，急奔南宮，毀牆破門而入，掖英宗登輦，自東華門入宮，升奉天殿，並開宮門告知百官太上皇已復位。

英宗復位後，下于謙、王文於獄。後又以謀逆罪殺于謙、王文，迫害于謙所薦之文武官員。論復辟功，對石亨、張軏、徐有貞等人分別晉官加爵。二月，廢景帝仍為郕王，遷於西內。

《大誥》

明太祖朱元璋親自寫定的刑典。於 1385 年頒布。《大誥》所列凌遲、梟首、族誅者成百上千，棄市以下萬數。所誅殺者以貪官污吏，害民豪強為主。懲形律極嚴酷，超出《大明律》的量刑標準，許多遭族誅、凌遲、梟首者多屬尋常過犯。從《大誥》中可知，明初復用刖足、斬趾、去膝、閹割等久廢之刑，創設斷手、剁指、挑筋等古所未有之刑；又有或一身而兼數刑，或一事而株連數百人，皆出於常律之外。「寰中士夫不為君用」之科，則為前代所未有。

廠衛

明朝內廷的偵察機構。廠，指東廠、西廠、內行廠；衛，指錦衣衛。合稱廠衛。東廠系永樂十八年（1420年）設立於北京東安門北；西廠系成化十三年（1477年）設於舊灰廠；內行廠系正德初年設於榮府舊倉地；錦衣衛原為內廷親軍，皇帝的衛隊，洪武十五年（1382年）成立。廠衛，是明代特務政治的工具，是皇帝的耳目和爪牙。

詔獄

又稱錦衣衛監獄，就是由皇帝直接掌管的監獄，意為此監獄的罪犯都是由皇帝親自下詔書定罪。裡邊陰森恐怖，設有刑具十八套，其中最常用的有：械刑、鐐刑、棍刑、夾棍刑等，此外，還有剝皮、抽腸、鉤背、刺心等酷刑。

庚戌之變

明朝初年，退居蒙古草原的元皇室殘餘勢力同明朝對立。嘉靖二十九年（1550年）六月，俺答集合10餘萬蒙古騎兵，準備大舉南下，這時靠賄賂嚴嵩而官居大同總兵的仇鸞，派人送重金賄賂俺答，請求勿攻大同，移攻他處。俺答遂引兵東去，自古北口入犯，長驅至通州，直抵北京城下。嘉靖皇帝催促諸將出城作戰，而嚴嵩等投降派，卻執行「飽將自去，唯堅壁為上」的失敗主義方針，聽任俺答兵在城四周濫肆擄掠，不敢出戰。俺答兵圍京城三天，在城外搶掠大量財物、牲畜及人口後，滿載而歸。因這年干支為「庚戌」，故稱「庚戌之變」。

戚繼光抗倭

明朝中葉，在倭寇長期為患之時，明朝軍隊中湧現了抗倭名將戚繼光。1555年，戚繼光調浙江，任參將，積極抗禦倭寇。他組織訓練一支3000多人的新軍。他治軍有方，教育將士要殺賊保民，嚴格軍事訓練，排演自己創制的鴛鴦陣。由於新軍將士英勇善戰，屢立戰功，被譽為「戚家軍」。嘉靖四十年，倭寇焚掠浙東，他率軍在龍山大敗倭寇。繼之在台州地區9戰皆捷，掃平浙東。次年率6000精兵援閩，搗破倭寇在橫嶼（今寧德東北）的老巢。嘉靖四十二年再援福建，升總兵官，與劉顯、俞大猷分三路進攻平海衛（興化城東），「斬級二千二百」。次年春，相繼敗倭於仙遊城下，福建倭患遂平。嘉靖四十四年又與俞大猷會師，殲滅廣東的倭寇。東南沿海倭患完全解除。

劉伯溫

劉伯溫（1311年～1375年），名劉基，字伯溫，以字行。劉伯溫自幼聰穎異常，天賦極高。在家庭的熏陶下，他從小就好學深思，喜歡讀書，對儒家經典、諸子

百家之書，都非常熟悉。尤其對天文、地理、兵法、術數之類更是潛心研究，頗有心得。他的記憶力非常好，讀書一目十行，過目成誦。而且文筆精彩，所寫文章非同凡俗。他14歲時入處州郡學讀《春秋》，17歲師從處州名士鄭復初學習宋明理學，同時積極準備科舉考試。天生的稟賦和後天的努力，使年輕的劉伯溫很快在當地脫穎而出，成為江浙一帶的大才子、大名士，開始受到世人的矚目。他於元統元年（1339年）考取進士，從此進入仕途，開始他在中國歷史舞台上的精彩表演。朱元璋多次稱劉基為：「吾之了房也。」劉伯溫在與淮西派首領李善長的爭鬥中佔了上風，最終卻被李善長的心腹、奸臣胡惟庸所害。

海瑞

海瑞（1514年～1587年），明代著名政治家。嘉靖二十八年（1550年）中舉。初任福建南平教諭，後升浙江淳安和江西興國知縣，推行清丈、平賦稅，並屢平冤假錯案，打擊貪官污吏，深得民心。嘉靖四十一年（1562年），以罷官抗逆顯於後世的明代廉吏海瑞任諸暨知縣；嘉靖四十五年任戶部雲南司主事，上書批評世宗迷

信巫術,生活奢華,不理朝政等弊端,嘉靖四十五年（1566年），戶部主事海瑞買棺材,別妻子,散童僕,以死上疏,勸說世宗不要相信陶仲文這班方士的騙術,應振理朝政,因而激怒世宗,詔命下獄論死。世宗死後獲釋。

隆慶三年（1569年）調升右僉都御史,他一如既往,懲治貪官,打擊豪強,疏浚河道,修築水利工程,並推行一條鞭法,強令貪官污吏退田還民,遂有「海青天」之譽。後被排擠,革職閒居16年。萬曆十三年（1585年）,重被起用,先後任南京吏部右侍郎、南京右僉都御史,力主嚴懲貪官污吏,禁止徇私受賄,海瑞及聞潘湖黃光升卒,悲傷至極,帶病前來晉江奔喪。後病死於南京。

李時珍

李時珍（1518年～1593年）字東璧,號瀕湖,湖北蘄州（今湖北省蘄春縣蘄州鎮）人。其父李言聞是當地名醫。李時珍繼承家學,尤其重視本草,並富有實踐精神,肯於向勞動人民群眾學習。李時珍三十八歲時,被武昌的楚王召去任王府「奉祠正」,兼管良醫所事務。

三年後，又被推薦上京任太醫院判。太醫院是專為宮廷服務的醫療機構，當時被一些庸醫弄得烏煙瘴氣。李時珍在此只任職了一年，便辭職回鄉。李時珍曾參考歷代有關醫藥及其學術書籍800餘種，結合自身經驗和調查研究，歷時 27 年編成《本草綱目》一書，是中國明以前藥物學的總結性巨著。在國內外均有很高的評價，已有幾種文字的譯本或節譯本。另著有《瀕湖脈學》、《奇經八脈考》等書。

《本草綱目》

《本草綱目》是明朝偉大的醫藥學家李時珍為修改古代醫書的錯誤而編，以畢生精力，親歷實踐，廣收博采，實地考察，對本草學進行了全面的整理總結，歷時29年編成，30餘年心血的結晶。

全書52卷，約200萬言，全書共有190多萬字，記載了1892種藥物（新增374種），分成60類。其中374種是李時珍新增加的藥物。收藥1892種，繪圖1100多幅，並附有11096多個藥方。是集中國16世紀以前藥學成就之大成，在訓詁、語言文字、歷史、地理、植物、動物、礦物、冶金等方面也有突出成就。它是幾千年來中國藥

物學的總結。

這本藥典，不論從它嚴密的科學分類，或是從它包含藥物的數目之多和流暢生動的文筆來看，都遠遠超過古代任何一部本草著作。

《農政全書》

《農政全書》的作者是徐光啟。全書分為12目，共60卷，50餘萬字。12目中包括：農本3卷；田制2卷；農事6卷；水利9卷；農器4卷；樹藝6卷；蠶桑4卷；蠶桑廣類2卷；種植4卷；牧養1卷；製造1卷；荒政18卷。《農政全書》按內容大致上可分為農政措施和農業技術兩部分。但前者是全書的綱，後者是實現綱領的技術措施。

《天工開物》

《天工開物》初刊於1637年（明崇禎十年）。是中國古代一部綜合性的科學技術著作，有人也稱它是一部百科全書式的著作，作者是明朝科學家宋應星。外國學者稱它為「中國17世紀的工藝百科全書」。

　　《天工開物》全書詳細敘述了各種農作物和工業原料的種類、產地、生產技術和工藝裝備，以及一些生產組織經驗，既有大量確切的數據，又繪製了一百二十三幅插圖。全書分上、中、下三卷，又細分做十八卷。

　　上卷記載了穀物豆麻的栽培和加工方法，蠶絲棉苧的紡織和染色技術，以及製鹽、製糖工藝。中卷內容包括磚瓦、陶瓷的製作，車船的建造，金屬的鑄鍛，煤炭、石灰、硫黃、白礬的開採和燒製，以及搾油、造紙方法等。

　　下卷記述金屬礦物的開採和冶煉，兵器的製造，顏料、酒麴的生產，以及珠玉的採集加工等。

八股文

　　八股文是明朝考試制度所規定的一種特殊文體。八股文專講形式、沒有內容，文章的每個段落死守在固定的格式裡面，連字數都有一定的限制，人們只是按照題目的字義敷衍成文。分為破題、承題、起講、入手、起股、中股、後股、束股等組成部分。

國子監

　　國子監是中國古代隋朝以後的中央官學，為中國古代教育體系中的最高學府。明朝由於首都北遷，在北京、南京分別都設有國子監，於是設在南京的國子監被稱為「南監」或「南雍」，而設在北京的國子監則被稱為「北監」或「北雍」。

　　北京國子監始建於元朝大德十年（1306年），是中國元、明、清三代國家管理教育的最高行政機關和國家設立的最高學府。坐落在北京東城區安定門內國子監街（原名成賢街）15號，與孔廟和雍和宮相鄰。國子監街兩側槐蔭夾道，大街東西兩端和國子監大門兩側牌樓彩繪，是北京僅存的建有四座牌坊的古建街。

三言二拍

　　是指明代五本著名傳奇短篇小說集的合稱，「三言」即《喻世明言》、《警世通言》、《醒世恆言》的合稱。作者為明代馮夢龍。「二拍」則是中國擬話本小說集《初刻拍案驚奇》和《二刻拍案驚奇》的合稱，作者凌蒙初。

景泰藍

　　景泰藍是中國金屬工藝品中的重要品種。製造歷史可追溯到元朝。明代景泰年間（1450年～1456年）最為盛行，又因當時多用藍色，故名景泰藍。景泰藍以紫銅作坯，製成各種造型，再用金線或銅絲掐成各種花，中充琺琅釉，經燒製、磨光、鍍金等工序製成。景泰藍造型特異，製作精美，圖案莊重，色彩富麗，金碧輝煌，具有鮮明的民族特色，是中國傳統出口工藝品。西安金屬工藝廠是西北生產景泰藍的有名廠家。該廠引進北京景泰藍製作技術，現已能生產多種景泰藍工藝品，其中景泰藍犀牛尊造型生動，製作精美，成為全國工藝美術展覽的珍貴展品。

明朝十六帝為何只有十三陵

　　明朝開國皇帝朱元璋，建都於南京，死後葬於南京鍾山之陽稱「明孝陵」。第二帝朱允文（建文帝）因其叔父朱棣以「靖難」（為皇帝解除危難之意）為名發兵打到南京，建文帝不知所終。有人說出家當了和尚，總之是下落不明（這在明朝歷史上是一個懸案），所以沒

有陵墓。第七帝朱祁鈺,因其兄英宗皇帝被瓦剌所俘,在太后和大臣的旨意下即了帝位。後英宗被放回,在心腹黨羽的策劃下,搞了一場「奪門之變」,英宗復辟,又坐了皇帝。朱祁鈺被害死,英宗不承認他是皇帝,將其在天壽山區域內修建的陵墓也給搗毀了。而以「王」的身份將他葬於北京西郊玉泉山。這樣,明朝十六帝有兩位葬在別處,一位下落不明,其餘十三位都葬在天壽山,所以稱「明十三陵」。

◆ 清朝

薩爾滸之戰

萬曆四十六年(1618年),明朝任命兵部左侍郎楊鎬為遼東經略,調集軍隊,籌措兵餉,準備進軍赫圖阿拉,消滅努爾哈赤。萬曆四十七年二月,經略楊鎬坐鎮瀋陽,命兵分四路圍剿後金,會師赫圖阿拉。北路由總兵馬林率領,從開原出,經三岔口,過尚間崖,進攻蘇子河;西路由總兵杜松統領,出撫順關向西,直驅赫圖阿拉;南路由總兵李如柏統帥。出清河,過雅鶻關,直

攻赫圖阿拉；東路由總兵劉鋌指揮，出寬甸，從東面搗後。

明兵四路計9萬餘眾，號稱47萬。面對明軍四路圍攻，努爾哈赤採取了李永芳的「憑你幾路來，我只一路去」的作戰方針，集中八旗兵力，打殲滅戰。努爾哈赤用了5天時間打了一場漂亮的殲滅戰，明軍文武將吏死者310多人，士兵身亡者45800餘人，亡失馬駝甲仗無數。這就是歷史上著名的「薩爾滸之戰」。

八旗制度

1601年，努爾哈赤建立黃、白、紅、藍四旗，稱為正黃、正白、正紅、正藍，旗皆純色。四十三年，努爾哈赤為適應滿族社會發展的需要，在原有牛錄製的基礎上，創建了八旗制度，即在原有的四旗之外，增編鑲黃、鑲白、鑲紅、鑲藍四旗。旗幟除四正色旗外，黃、白、藍均鑲以紅，紅鑲以白。把後金管轄下的所有人都編在旗內。其制規定：每300人為1牛錄，設牛錄額真1人；5牛錄為1甲喇，設甲喇額真1人；5甲喇為1固山，設固山額真1人。據史籍記載，當時編有滿洲牛錄308個，蒙古牛錄76個，漢軍牛錄16個，共400個。此時所

編設的八旗，即後來的滿洲八旗。清太宗時，又建立蒙古八旗和漢軍八旗，旗制與滿洲八旗同。八旗由皇帝、諸王、貝勒控制，旗制終清末改。

綠營

順治初年，清廷在統一全國過程中將收編的明軍及其他漢兵，參照明軍舊制，以營為基本單位進行組建，以綠旗為標誌，稱為綠營，又稱綠旗兵。全國綠營兵額總數，時有增減，在咸豐以前大約六十萬左右，較之八旗兵多三四倍。在清代前期，尤其是在康熙初平定三藩之亂及在乾隆中葉以前的歷次戰爭中，綠營都曾起到重要作用。綠營主要是步兵，分為戰兵和守兵兩種，此外尚有馬兵（騎兵）和水師。

欽差大臣

中國古代官名。明代開始，凡由皇帝親自派遣，出外辦理重大事情的官員稱欽差。清代沿襲。由皇帝特命並頒授關防者稱欽差大臣，簡稱欽使，統兵者則稱欽帥。駐外使節亦稱欽差出使某國大臣。

清軍入關

李自成進北京之前，清兵已幾乎全部控制了遼西地區。明寧遠總兵吳三桂退守山海關。崇禎十七年（1644年）李自成進北京之初，曾命吳三桂之父吳襄寫信，由他派人至山海關招降吳三桂，並以銀四萬兩犒吳軍；另派將率二萬農民軍代吳守山海關。吳同意投降，即率軍往北京。但行至灤州，聽說愛妾陳圓圓為劉宗敏霸佔，就憤怒回師，擊破李自成派駐山海關的守軍，急派人向清兵求援。這時清兵正由攝政王多爾袞統率南下。四月十五日，行至翁後（今遼寧阜新附近），接到吳三桂「乞師」書，多爾袞立即回書答應，並許封吳三桂為「藩王」。四月二十日，清兵抵連山（今錦西），吳三桂催兵之書再至，清兵日夜兼程。次日，在山海關外一片石敗李自成將唐通部。又次日，即抵山海關。吳三桂出迎，十餘萬清兵迅速入關。

定都北京

1644年四月十三日，李自成率領大軍離開北京向西撤退。五月二日，多爾袞率清軍進入北京。多爾袞按皇

太極生前既定的方針「若得北京，當即遷都，以圖進
攻」，採取了一系列的措施，建立起較完整的統治秩
序。九月十九日，多爾袞迎福臨進京，十月初一即皇帝
位，並昭告天下，宣佈定都燕京。

圈地令

順治元年（1644年）頒布，清朝入都北京後，為解
決八旗官兵生計，決定強佔北京附近的土地，遂下圈地
之令。順治元年十二月規定，近京各州縣漢人無主荒地
全部予以圈占，分給東來諸王兵丁人等。康熙二十四年
（1685年）廢止。

冊封達賴

早在清兵入關前，為了利用達賴教在蒙古的影響
控制外藩蒙古，努爾哈赤和皇太極都與喇嘛教有頻繁
來往。順治九年（1653年），達賴五世親赴北京朝見，
次年受到清廷冊封，並獲賜金冊金印，從此成了藏蒙
喇嘛教各派的總首領。

揚州十日

揚州十日是1645年（南明弘光元年，清朝順治二年）發生在清軍攻破揚州城後對城中平民進行大屠殺的事件。由於當時南明將領史可法對清軍的殊死抵抗，在陰曆四月二十五日，清軍攻佔揚州後，在揚州城內進行了屠殺。屠殺共持續十日，故名「揚州十日」。

嘉定三屠

1645年六月，清軍再下剃髮令，命令十天之內，江南人民一律剃頭，「留頭不留髮，留髮不留頭」。這嚴重傷害江南百姓的民族感情，起義頓時爆發。人民公推黃淳耀、侯峒曾出面領導抗清。

李成棟率清兵猛攻，城中居民冒雨奮戰，堅守不屈。清軍用大炮轟城，始得攻入。侯峒曾投河死，黃淳耀自縊。清軍憤而屠城，殺兩萬餘人後棄城而去。次日朱瑛又率眾入城，組織抗清，旋敗，再遭清兵屠殺。八月十六日明將吳之藩起兵，反攻嘉定，亦敗，嘉定第三次遭屠城。史稱「嘉定三屠」。

平定三藩叛亂

　　明清之際，明將吳三桂、尚可喜、耿仲明叛明降清，分別被清廷封為平西王、平南王和靖南王，鎮守雲南、廣東和福建，稱為「三藩」。他們各擁重兵，割據一方，嚴重威脅了國家的統一。1673年，康熙帝下令撤藩，引發三藩叛亂。康熙帝採取「剿撫並用」的策略，對元兇吳三桂堅決打擊，對隨同叛亂的大力招撫，到1681年，三藩被平定。

平定準噶爾

　　準噶爾是漠西蒙古的一支。1671年，首領噶爾丹勾結沙皇俄國，發動征服漠北蒙古的戰爭。1690年，在沙俄的支持下，噶爾丹大軍南侵。康熙帝於1690年、1691年、1695年三次率軍親征，大敗準噶爾軍，噶爾丹被迫自殺。

南書房

清代內廷機構。康熙十六年（1677年）始設，命侍講學士張英、內閣學士銜高士奇入值。此為選翰林文人入值南書房之始，即內廷詞臣直廬。翰林入值南書房，初為文學侍從，隨時應召侍讀、侍講。常侍皇帝左右，備顧問、論經史、談詩文。皇帝每外出巡幸亦隨扈。皇帝即興作詩、發表議論等皆記注。進而常代皇帝撰擬詔令、諭旨，參與機務。因接近皇帝，對於皇帝的決策，特別是大臣的升黜有一定影響力。故入值者位雖不顯而備受敬重。雍正朝成立軍機處後，撰擬諭旨為軍機大臣等專職，南書房雖仍為翰林入值之所，但已不參與政務。有清一代士人，視之為清要之地，能入則以為榮。

鄭成功收復台灣

1661年，南明將領鄭成功率軍從金門島出發，進軍台灣，先後擊敗了佔領台灣的荷蘭駐軍和援軍；1662年2月，荷軍投降並退出台灣。於是鄭成功在台灣墾荒土、興學校、定法律、設管職，以此為基地繼續抗清。

《尼布楚條約》

兩次雅克薩戰爭，清軍最終取勝，沙俄政府被迫在尼布楚與清政府進行和談。雙方劃分了邊界，用滿文、漢文、蒙文、俄文和拉丁文五種文字刻成了界碑，立在邊境，肯定了黑龍江和烏蘇里江流域的廣大地區都是中國的領土，這就是《尼布楚條約》。

軍機處

亦稱「軍機房」、「總理處」。是清朝中後期的中樞權力機關。雍正七年（1729年），因用兵西北，以內閣在太和門外，恐洩漏機密，始於隆宗門內設置軍機房，選內閣中謹密者入值繕寫，以為處理緊急軍務之用，輔佐皇帝處理政務。十年（1732年），改稱「辦理軍機處」，簡稱「軍機處」。軍機處的設立是清代中樞機構的重大變革，標誌著清代君主集權發展到了頂點。

閉關鎖國

「閉關鎖國」政策是指清王朝嚴格限制和禁止對外交往和貿易的政策。閉關鎖國政策雖然在一定時期內對西方殖民者的入侵有一定的自衛作用，但它畢竟是一種消極落後的政策。

清政府的閉關鎖國政策推行了200年。中國對外貿易日益萎縮。清時只開廣州一處對外通商，規定由政府特許的「十三行」統一經營對外貿易。出口商品僅佔商品總量的3%左右。

白蓮教起義

1796年至1804年，湖北、四川、陝西三省，以白蓮教為組織形式的農民反抗封建壓迫的起義。1786年人口3億9110萬人，起義失敗後，人口為2億7566萬人，相互屠殺損失了1億1千萬人口。

白蓮教起義軍在歷時9年多的戰鬥中，佔據或攻破州縣達204個，抗擊了清政府從十六個省徵調來的大批軍隊，殲滅了大量清軍，擊斃副將以下將弁400餘名，提鎮等一、二品大員20餘名，清政府耗費軍費二億兩，

相當於4年的財政收入。這次起義使清王朝元氣大傷，此後清王朝的統治逐漸走向衰落。

虎門銷煙

1838年底，湖廣總督林則徐被任命為欽差大臣，赴廣東查禁鴉片。他在廣東整頓海防，緝拿煙販，勒令各國商販交出所有鴉片，並保證不再販運。1839年6月3日到6月25日，林則徐在虎門海灘鑿方塘二口，當眾銷毀了收繳的英、法等國的237萬餘斤鴉片。史稱「虎門銷煙」。

鴉片戰爭

林則徐打擊鴉片走私，觸怒了英國殖民者。1840年6月，英國派兵侵華，發動了鴉片戰爭。清軍在英軍強大的現代化武器面前不堪一擊，1842年8月，英軍艦艇駛達南京江面。清政府被迫與英國簽訂了喪權辱國的《南京條約》。條約規定：割讓香港，賠款白銀2100萬兩，開五口通商，關稅由雙方協定等。從此，中國逐漸淪為半封建半殖民地社會。

三元里人民抗英

鴉片戰爭期間，1841年5月，盤踞四方炮台的小股英軍竄至廣州城北的三元里騷擾，當地群眾奮起反抗，組成「平英團」，將四方炮台團團圍住，一舉殲滅英軍數百人。後來在英軍威脅下，當地官員用欺騙手段迫使民眾解散，英軍才得以撤離。

亞羅號事件

1853年10月初，中國商船「亞羅號」，自廈門開往廣州，停泊黃浦。為了方便於走私，該船曾在香港英國政府領過登記證。10月8日，廣東水師船捕走窩藏在船上的2名中國海盜和10名有嫌疑的中國水手。英國駐廣州領事借口該船曾在香港註冊，捏造說中國水師曾扯下船上英國旗，侮辱了英國，要求立即釋放被捕人犯，向英道歉。22日，廣東水師把12人全部送還時，英國拒收。23日英駐華海軍悍然向廣州發動進攻。這樣「亞羅號事件」成為了英國政府蓄意挑起第二次鴉片戰爭的藉口。

馬神父事件

1853年法國天主教神父馬賴，違約潛入中國廣西省西林縣進行傳教。他吸收地痞流氓入教，勾結當地土豪，進行種種不法活動，民憤極大。1856年2月，西林新縣官到任，在當地人民的強烈要求下，逮捕並處死了馬賴等3人，拘捕歹徒20餘人。消息傳到巴黎，法國國王立即以馬賴事件為藉口，以保護天主教為名，偕同英國發動第二次鴉片戰爭。

第二次鴉片戰爭

1856年，英國為了進一步擴大侵華利益，藉口「亞羅號」事件派兵進攻廣州，法國借口馬神父事件同時出兵。1857年，英法聯軍攻陷廣州。1858年，英法聯軍在美俄兩國支持下，偷襲並攻陷大沽炮台，進犯天津。清政府被與俄、美、英、法各國分別簽訂《天津條約》。1859年6月，英、法、美以進京換約被拒為由，率艦隊炮擊大沽，次年8月，聯軍進佔天津，進攻北京，清廷被迫簽訂了中英、中法《北京條約》，賠償巨額賠款，喪失大片領土。

《南京條約》

1842年8月29日，中英兩國簽訂《南京條約》。主要內容：開放廣州、福州、廈門、寧波、上海等五處為通商口岸；清政府向英國賠款白銀2100萬兩；清朝政府將香港島割讓給英國；中國徵收英商貨物進出口關稅應由兩國協商；廢除公行制度，准許英商與華商自由貿易。

八國聯軍

八國聯軍是指1900年以軍事行動侵入中國的英國、法國、德國、俄國、美國、日本、義大利、奧匈帝國的八國聯合軍隊。前期由英國海軍將領西摩爾率領，開始時總人數約3萬人，後來有所增加。此事件最後以中國戰敗，聯軍佔領首都北京、清廷政府逃往陝西西安，談和後中國付出白銀4.5億兩為終。

火燒圓明園

圓明園是清代最大的皇家林園。從1709年興建到1860年被焚燬，清政府花費了巨大的財力物力，一共經

營了151年。

1860年10月，英法聯軍佔領北京以後，衝入圓明園。聯軍司令部下令可以「自由搶劫」，1萬多名侵略官兵大肆搶掠和毀壞園內文物。10月18日，千名英軍手持火把再次進入圓明園，這座世界上最壯觀的皇家園林連同園內的數百名太監、宮女和工匠被盡付一炬。火燒圓明園是人類歷史上的一大浩劫。

太平天國運動

1843年，洪秀全創立了拜上帝會，宣傳人人平等的思想，號召人們起來鬥爭。1851年1月，洪秀全在廣西金田宣佈起義，建號太平天國，3月宣佈登基，稱天王，太平天國運動開始。

1853年3月，太平軍攻佔南京，改名為天京，定為太平天國的首都。到1856年，太平軍擊潰清軍江北、江南大營，達到了軍事上的全盛時期。就在此時，太平天國領導集團內部發生了自相殘殺的「天京事變」，清軍趁機全面反攻。1863年，曾國藩統率的湘軍開始攻破天京，太平天國運動失敗。

《天朝田畝制度》

太平天國革命前夕，地主豪強兼併土地十分嚴重。全國土地大部分都集中在少數人手裡，而80%的農民沒有土地。在江淮流域、華北地區，就出現了有百頃、千頃的地主；形成「田主不知耕，耕者多無田」的局面。洪秀全為了在人間建立一個人人平等、天下一家、共享太平的「天國」，於1853年冬，頒布了《天朝田畝制度》。《天朝田畝制度》的中心內容是，要廢除封建地主土地所有制。太平天國《天朝田畝制度》的出現，不僅標誌著農民戰爭發展的歷史高峰，而且是近代中國農民階級摸索救國救民道路的一次偉大嘗試。

總理衙門

晚清主管外交事務、派出駐外國使節，並兼管通商、海防、關稅、路礦、郵電、軍工、同文館、派遣留學生等事務的中央機構。初稱總理各國通商事務衙門，簡稱總理衙門。1860年清政府與英、法等國簽訂《北京條約》後，對外交涉事務增多。次年1月，恭親王奕訢、大學士桂良、戶部左侍郎文祥奏請在京師設立總理各國

事務衙門，接管以往禮部和理藩院所執掌的對外事務。
經咸豐帝批准，於1862年3月成立。

洋務運動

經過兩次鴉片戰爭後，清政府的統治階級對如何解
決一系列的內憂外患分裂稱為「洋務派」與「頑固派」，
洋務派主張利用西方先進生產技術，強兵富國，擺脫困
境，利用資本主義發展的工商業的手段來維護清朝的封
建統治。19世紀60年代至90年代，洋務派在全國各地掀
起了「師夷長技以自強」的改良運動「洋務運動」。

中法戰爭

1883年，法國侵佔越南，並向派駐越南的中國軍隊
發動進攻，清政府被迫對法宣戰。戰爭很快擴大到東南
沿海。1885年，法國陸軍進攻鎮南關（今友誼關），清
軍老將馮子材率軍抗戰，大敗法軍，使清軍轉敗為勝。
但清政府卻下令停戰，以勝求和，與法國締結了喪權辱
國的《中法新約》。

《馬關條約》

1895年4月17日中日簽訂《馬關條約》。其主要內容：清國從朝鮮半島撤軍並承認朝鮮的「自主獨立」；清國不再是朝鮮之宗主國；割讓台灣島及所有附屬各島嶼、澎湖列島和遼東半島給日本；賠償日本軍費白銀2億兩；開放沙市、重慶、蘇州、杭州為商埠；允許日本人在清國通商口岸設立領事館和工廠及輸入各種機器；彼此為最惠國待遇。《馬關條約》加車了中國的民族危機，大大加深了中國半殖民地化的程度。

門戶開放

1899年，美國政府先後向英、俄等六國政府提出在中國實行所謂「門戶開放」、貿易機會均等的照會。「門戶開放」政策的主要內容有：對任何條約、口岸或任何既得利益不加干涉；各國貨物一律按中國政府現行稅率徵收關稅；各國在各自的「勢力範圍」內，對他國船隻、貨物運費等不得徵收高於本國的費用。

公車上書

歷史上所說的公車上書，是指清光緒二十一年（1895年），康有為率同梁啟超等數千名舉人聯名上書清光緒皇帝，反對在甲午戰爭中敗於日本的清政府簽訂喪權辱國的《馬關條約》。被認為是維新派登上歷史舞台的標誌，也被認為是中國群眾的政治運動的開端。

同盟會

中國同盟會於1905年8月20日在日本東京成立。其前身是華興會和興中會，除此之外還有復興會、科學補習所等多個組織參加。中國同盟會的根本政治要求是孫中山提出的「驅除韃虜，恢復中華，創立民國，平均地權」十六字綱領。其機關刊物是《民報》。孫中山為其總理，黃興為副總理。

三民主義

孫中山所倡導的民主革命綱領。由民族主義、民權主義和民生主義構成，簡稱「三民主義」。是中國國民

黨信奉的基本綱領。三民主義的發展過程分為兩個階段，即舊三民主義和新三民主義，它是中國人民的寶貴精神遺產。

武昌起義

1911年，四川省保路運動日益擴大的同時，湖北的革命團體在同盟會地推動下，也在積極準備起義。起義的主要力量是傾向革命的新軍。由於起義計劃不慎洩漏，10月10日晚，武昌城新軍工程營的革命黨人提前發動起義，起義軍很快佔領了武漢三鎮，成立湖北軍政府，並宣佈廢除宣統年號，建立中華民國，起義的勝利逐步使清王朝走向滅亡。

清王朝終結

1912年2月12日，在袁世凱的威逼下，清王室不得不宣佈皇帝退位。當時，退位的宣統皇帝溥儀只有6歲，還不怎麼懂事，所以根本不能表達自己的觀點，隆裕太后代其下了退位詔書。從此，清朝的統治，也是中國整個的封建制度，永遠的結束了。

8. 近現代時期

◆ 中華民國

中華民國

　　1912年1月1日，孫中山在南京宣誓就任第一任中華民國臨時大總統。中華民國南京臨時政府成立，規定改用西曆紀年，1912年為中華民國元年。黎元洪為副總統，臨時政府各部長分別是黃興、黃中瑛、伍廷芳、蔡元培等人。

　　1月11日，決定以紅、黃、藍、白、黑五色旗為民國國旗，五色象徵漢、滿、蒙、回、藏五族共和，以武昌起義的軍旗為陸軍旗，青天白日旗為海軍旗。

　　臨時政府隨後相繼頒布了《修正中華民國臨時政府組織大綱》和《中華民國臨時約法》，迅速組建起臨時政府的政治體系。

中華書局

　　中華書局1912年1月1日在上海創立，創辦人為陸費達。1913年設編輯所，陸續編輯出版《中華教育界》、《中華小說界》、《中華童子界》等雜誌和大型漢語工具書《中華大字典》。1915年改為股份有限公司，自辦印刷所，增設發行所；繼商務印書館之後成為國內第二家集編輯、印刷、發行為一體的出版企業。

　　1917年，因資金周轉不靈，幾至停業。經多方設法，營業重獲發展。此後，除編印出版教科書和各種圖書雜誌外，還於1929年創辦中華教育用具製造廠，製造教學文具儀器；1932年擴充印刷所，1933年在九龍新建印刷分廠，1935年在上海澳門路建成印刷總廠，購置先進印刷設備，既印本版圖書，也承印地圖、郵票、香煙盒以及政府的有價證券、鈔票、公債券等。

清帝退位

　　1911年武昌起義爆發後，清政府陷入了內外交困的境地。清廷重新起用袁世凱收拾局面。袁世凱暗中指使北洋文武官吏請願，迫使宣統帝退位。經過多次磋商，

最後達成了退位的協定。中華民國給清帝提供退位之後的優待條件。1912年2月12日，清政府頒布了皇帝退位的詔書，佈告全國。中國歷史上最後一個封建王朝——清王朝宣告結束。清帝退位以後，仍然住在皇宮，國民政府每年撥給400萬元的費用。

《中華民國臨時約法》

1912年3月11日，中華民國參議院在孫中山的提議下正式公佈了《中華民國臨時約法》。《臨時約法》共分7章，56條。約法規定：「中華民國人民一律平等，無種族、階級、宗教之區別」。人民享有人身、居住、財產、言論、出版、集會、結社、通信和信教的自由；參議院行使立法權，有彈劾總統的權力，總統集權制變為內閣負責制。《臨時約法》具有資產階級共和國憲法的性質，體現當時資產階級的民主主義革命的要求。袁世凱竊國以後，擅權妄為，一心復辟帝制，《臨時約法》遂成空文。

《中俄蒙協約》

1911年7月，沙俄派兵侵入外蒙古，10月，鼓動外蒙古宣佈「獨立」。1912年8月，中華民國發表聲明，宣佈外蒙古獨立為非法。但是同年11月，沙俄私下與外蒙古簽訂了《俄蒙條約》和《商務專條》，在外蒙古獲得了極大的利益，作為交換，他承認外蒙古的獨立國家地位。當時的中國政府就此問題和俄國進行了艱苦的談判，簽訂了《中俄聲明文件》。隨後，中・俄及外蒙古三方又於1915年6月達成了《中俄蒙協約》，重申中國對於外蒙古的宗主權，確定了外蒙古的範圍，實際上它是承認了外蒙古的自治，認可了沙俄對於外蒙古的侵略，分裂了中國的領土和主權。

善後大借款

袁世凱為消滅國民黨控制的南方各省勢力，維護獨裁統治，以辦理「善後」為名，未經國會通過，指派國務總理趙秉鈞為全權代表，於1913年4月26日與英、法、德、俄、日五國銀行團代表非法簽訂《善後大借款合同》21款。借款總額為2500萬英鎊，年息5厘，47年還

清，本息共計6800萬英鎊。以鹽稅、海關稅等為抵押，並聘請外國人協助管理鹽稅徵收。從此中國鹽稅被外國人控制。這筆借款被袁世凱專門用於鎮壓「二次革命」。

二次革命

袁世凱在1913年派人暗殺了宋教仁，這使革命黨人看清了袁的本質。1913年7月12日，前江西都督李烈鈞在江西湖口起兵討袁，二次革命就此爆發。15日，黃興在上海成立討袁軍，安徽、廣東、福建、湖南、四川的國民黨人相繼宣佈獨立，共舉討袁旗幟。然而二次革命缺乏統一的指揮和領導，各處各自為政，終被袁世凱一一瓦解，孫中山、黃興等人被迫流亡日本。

袁世凱稱帝

1913年10月10日，袁世凱在清代皇宮的太和殿以皇帝登基的「坐北朝南」形式宣誓就職，隨即下令解散國民黨。1915年8月，袁世凱授意楊度等人組織「籌安會」，鼓吹恢復帝制，各地袁派親信也紛紛上推戴書，勸進皇帝位。12月12日，袁世凱正式發表接受皇帝位的

申令。13日，在中南海居仁堂接受百官朝賀。31日，袁世凱下令改第二年為洪憲元年。1916年元旦，袁世凱正式登基。全國上下掀起了一片聲勢浩大的討袁運動。眾叛親離的袁世凱被迫於3月22日宣佈取消帝制。6月6日，做了83天皇帝的袁世凱病死在北京。

二十一條

1914年中，第一次世界大戰爆發。日本於是在8月對德宣戰，出兵佔領了德國在中國的勢力範圍——山東半島。

1915年，日本向中國提出二十一條要求，意欲獨佔中國的權益。最終袁世凱政府在接受二十一條中一至四號的要求。

二十一條內容包括：承認日本繼承德國在山東的一切權益，山東省不得讓與或租借他國；承認日本人有在南滿和內蒙古東部居住、往來、經營工商業及開礦等項特權；漢冶萍公司改為中日合辦，附近礦山不准公司以外的人開採；所有中國沿海港灣、島嶼概不租借或讓給他國；中國政府聘用日本人為政治、軍事、財政等顧問。

護國戰爭

　　袁世凱稱帝，激起全國人民的義憤。孫中山再度號召各省討袁，雲南都督蔡鍔首先宣佈雲南獨立，組織「中華民國護國軍」，進軍四川、貴州，節節勝利，各省也紛紛響應。孫中山領導的中華革命黨也組織武裝起義。在全國一片反袁聲中，袁世凱的親信見風使舵，紛紛表示擁護共和，反對袁稱帝。在眾叛親離的情況下，袁世凱只做了83天皇帝就被迫取消帝制，並於1916年6月鬱鬱而死。護國戰爭終於取得了勝利。

護法戰爭

　　為了維護《臨時約法》，1917年孫中山聯合西南軍閥陸榮廷、唐繼堯在廣州建立「護法軍政府」，孫中山任海陸軍大元帥，以對抗由北洋軍操縱的北京政府，形成南北對峙的局面。段祺瑞決定以武力消滅護法軍政府，派北洋軍進攻護法軍。護法軍進攻湖南、四川等省，打敗北洋軍，佔領長沙、衡陽、重慶等地，湖北、浙江、山東、山西等省宣佈獨立。段祺瑞被迫下台。馮國璋上台，調遣北洋軍擊敗了護法軍。護法軍戰敗，遂

與北洋軍閥議和，並改組護法軍政府，排擠孫中山。孫中山被迫辭職，護法戰爭失敗。

張勳復辟

張勳復辟是指由張勳一手策劃，於1917年（民國六年）7月擁護清朝廢帝溥儀在北京復辟的政變，前後歷時共12天。因發生在丁巳年，亦稱丁巳復辟。

1917年5月，黎元洪總統「府院之爭」。日本表示支持段祺瑞，英國、美國等支持黎元洪、馮國璋。黎元洪將段祺瑞免職，段祺瑞則令屬下各省督軍宣佈獨立。黎元洪乃電召安徽督軍張勳入京調停。1917年6月，張勳率五千辮子軍北上。密謀復辟，段祺瑞則欲利用他對黎元洪而支持其入京。7月1日，正式讓溥儀登基後招致全國反對，段祺瑞於是組成討逆軍討伐，7月12日即結束。

巴黎和會

1919年第一次世界大戰結束後，戰勝各國在巴黎召開和會，中國代表與會。在會上，中國代表提出收回青島主權和山東權益的主張，但操縱會議的英、法、美等

國無視中國的正義要求，悍然將青島主權及山東權益交給日本。在中華民族危難的緊急時刻，逐漸覺醒的中國青年把自己和國家的命運緊密聯繫在一起，北京學生於5月4日英勇走上街頭遊行示威，高舉愛國主義旗幟，弘揚科學、民主精神，為救國奔走呼號，使鬥爭發展成為以工人階級為主力軍的波瀾壯闊、聲勢浩大的反帝愛國政治運動。

五四運動

1919年4月，第一次世界大戰的戰勝國在巴黎召開「巴黎和會」，規定戰敗的德國將其在中國的權益無條件轉讓給日本。消息傳到國內，舉國震驚。5月4日，北京3000餘名大中學生在天安門集會，呼喊「外爭國權，內懲國賊」、「誓死力爭，還我青島」等口號，反對簽訂條約。以學生鬥爭為先導的五四愛國運動由此爆發。運動迅速轉變為工人階級，中國工人階級開始以獨立的姿態登上政治舞台，各地工人紛紛舉行罷工抗議活動。五四運動是中國革命史上具有劃時代意義的事件，標誌著中國新民主主義革命的開端。

覺悟社

1919年9月16日覺悟社在天津成立。先後加入的社員有周恩來、馬駿、郭隆真、鄧穎超、劉清揚等21人。以組織講演為主要活動，出版不定期刊物《覺悟》，討論新思潮，領導青年學生的反帝愛國運動，成為「天津學界中最優秀、純潔、奮鬥、覺悟的青年的小團體」，天津的「小明星」。內部實行委員制，分工負責。社員間和對外均以號碼為代號稱呼，周恩來為五號，稱伍豪。1920年夏被軍閥解散。同年8月16日，同北京的少年中國學會、青年工讀互助社、曙光社、人道社等團體結成「改造聯合」。不久，部分社員赴法勤工儉學，國內社員分散各地求學、就業，社務基本停止。中國共產黨成立後，該社不少成員加入共產黨和青年團。

中國國民黨

中國國民黨系中國歷史上第一個資產階級政黨，由中國近代革命先行者孫中山先生創立。其前身是興中會、中國同盟會、國民黨、中華革命黨。孫中山於1911年將中華革命黨改組為中國國民黨。該黨於1927年完成

形式上的全國政權統一，並一直統治大陸至1949年。1949年，國民黨政權在大陸徹底失敗，是年12月11日，國民黨中央黨部由大陸遷往台北。

孫中山北伐

粵軍自收復廣東後，就準備討伐桂系軍閥。桂系軍閥陸榮廷也企圖重返廣州。

1921年6月，孫中山任命陳炯明為總司令，討伐陸榮廷。粵軍一路勢如破竹，陸榮廷的部下也紛紛與他脫離關係，響應粵軍。粵軍佔領南寧，陸榮廷逃往上海。因陳炯明在北伐中處處掣肘，孫中山隨即來到桂林，建立了北伐大本營，決定親自北伐。

1922年，孫中山發佈了北伐動員令，北伐軍進攻湖南。陳炯明與吳佩孚相勾結，陰謀夾擊北伐軍。孫中山只好率軍返回廣州，陳炯明出走惠州。5月4日，孫中山在韶關建立北伐大本營，改從江西北伐。北伐軍進展迅速，直逼南昌。此時陳炯明公開叛變，炮轟孫中山的住所，孫中山乘「永豐」艦赴上海。北伐失敗。

中國共產黨

五四運動以後，馬克思主義在中國迅速傳播，各地紛紛建立共產主義小組。1921年6月，共產國際代表抵達上海，提出召開中國共產黨全國代表大會的建議。7月23日，中國共產黨第一次全國代表大會在上海舉行。出席會議代表共13人：李達、李漢俊、張國燾、劉仁靜、毛澤東、何叔衡、王盡美、鄧恩銘、陳潭秋、董必武、周佛海·陳公博，包惠僧。大會最後一天轉移到浙江嘉興南湖的一隻遊船上進行。大會的中心議題是建立統一的中國共產黨，通過了黨的綱領和決議，選舉產生了由陳獨秀、張國燾、李達三人組成的中央局。陳獨秀以其在新文化運動中的崇高威望和為建黨所作的卓越貢獻，被選舉為中共中央局第一任書記。中國共產黨是馬克思主義同中國工人運動相結合的產物，他的成立給中國人民和中國革命帶來了重大影響。

《孫文越飛宣言》

十月社會主義革命後，孫中山逐漸認識到中國革命必須以俄為師才能取得勝利。1923年1月17日，蘇聯特

使越飛抵上海與孫中山會談，1月26日，發表宣言，其主要內容是：

一、雙方認為，中國當得俄國國民最摯烈之同情，且可以俄國援助為依賴。

二、越飛應孫中山的要求，重申俄國政府準備且願意根據俄國拋棄帝政時代中俄條約（連同中東鐵路等合同在內）之基礎，另行開始中俄交涉。

三、中東鐵路問題，應於適當的中俄會議解決。現行鐵路管理法，只能由中俄政府不加成見，以雙方實際的利益與權利權時改組。

四、越飛正式向孫中山宣稱，俄國現政府絕無亦從無意思與目的，在外蒙古實施帝國主義之政策，或使其與中國分立。孫中山因此以為俄國軍隊不必立時由外蒙古撤退。這個宣言的發表，標誌著孫中山聯俄政策的正式確立。

中國國民黨第一次全國代表大會1924年1月20日中國國民黨第一次全國代表大會在廣州召開。孫中山主持會議，在共產國際和中國共產黨的幫助下，認真總結了中國民主革命的經驗教訓，決定學習俄國革命的經驗和方法，改組國民黨，以振興國民黨進而振興國家。指派廖仲愷、李大釗、汪精衛等五人為改組委員，並設立國民黨臨時中央委員會。通過了《中國國民黨第一次全國

代表大會宣言》，大會提出了反帝反封建的新三民主義：民族主義主張「一則中國民族自求解放」；「二則中國境內各民族一律平等」；民權主義主張「把政權放在人民掌握之中」；民生主義主張平均地權，節制資本。經過此次大會，聯俄、聯共、扶助農工三大政策成為國民黨的基本政策。這次大會標誌著第一次國共合作正式形成。

新三民主義

　　1924年1月20日中國國民黨第一次全國代表大會在廣州召開。大會通過了《中國國民黨第一次全國代表大會宣言》，在宣言中重新解釋了三民主義，使之成為新三民主義。民族主義主張「一則中國民族自求解放」，「二則中國境內各民族一律平等」；民權主義主張「把政權放在人民掌握之中」；民生主義主張平均地權，反對私有資本「操縱國計民生」。新三民主義不僅代表了中國民族資產階級的利益，也與中共的民主革命綱領的主要原則一致，因而成為國共合作的共同綱領和政治基礎。

第一次國共合作

1922年8月，中共中央特別會議舉行，大會採納共產國際關於實行國共合作的建議，決定在孫中山按民主原則改組國民黨的前提之下，共產黨和社會主義青年團可以憑個人名義加入國民黨，借此推動革命統一戰線的形成。1923年，中共三大通過了這一決定。1924年1月，中國國民黨第一次全國代表大會召開，依照國共合作的精神，會議選舉出了國民黨中央執行委員會，共產黨人李大釗、毛澤東、瞿秋白等10人當選為執行委員和候補委員。國民黨一大的召開，標誌著第一次國共合作的正式形成，革命統一戰線建立起來，全國反帝反封建的國民革命運動也迅速展開。

黃埔軍校

孫中山在廣州黃埔建立的軍事院校。初名中國國民黨陸軍軍官學校。由蔣介石任校長、廖仲愷任黨代表，共產黨員周恩來任政治部主任。蕭楚女、聶榮臻、葉劍英等先後在校內任職，不少共產黨員和共青團員在軍校學習。該校培養了不少軍事人才，共產黨和國民黨的許

多重要將領都出自該校。1926年改名為國民革命軍中央軍事政治學校。「四一二」政變後，蔣介石將該校改名為中央陸軍軍官學校，遷至南京，1930年停辦。

國民革命軍

國民黨中央執行委員會於1925年6月15日通過決議，將大元帥府改為國民政府，將建國軍改稱為國民革命軍，進行統一整編，徐崇智任軍事部長。國民革命軍下轄第一、第二、第三、第四、第五、第六、第七和第八軍。在軍、師兩級建立了黨代表制、政治部和政治工作制度。各軍一師的黨代表和政治部主任都由中國共產黨擔任。國民革命軍海軍轄3個師或再增設一個教導師，每師下轄3個團、9個營、27個步兵連。

廖仲愷被刺

1925年8月20日，孫中山最忠實的朋友廖仲愷被刺。上午8時，廖仲愷偕夫人何香凝驅車去廣州國民黨中央黨部，參加國民黨中央執行委員會第一二六次會議。當車開到黨部門前時，突然竄出六七名暴徒向他們射擊，

廖仲愷身中數彈，在送往醫院的途中去世。隨後，蔣介石下令逮捕了胡漢民。國民政府立即進行人事調整。

張作霖宣佈東三省獨立

　　1926年1月11日，張作霖為了恢復郭松齡反戈造成的殘局和防止國民軍入侵，通電全國，宣佈東三省與北京政府斷絕一切行政關係，以鎮威上將軍名義主持東三省軍政事務。

　　23日，東三省法團聯席會議通電，實行三省聯治，推張作霖維持東北秩序，宣佈從即日起，北京政府一切命令和約束，概不承認。

　　25日，張作霖召集重要文武官員開會，會議決定：東三省正式宣佈獨立，實行「保境安民」，以山海關、秦皇島為界，佈置防線，熱河方面取守勢，駐兵七八萬，以防國民軍入侵；在東北大量擴充軍備，將軍隊改編為14個師，暫時休整。同時，張作霖通令就任東三省保安總司令兼軍務總統官，並電令入關奉軍即日啟程，退守奉地。

中山艦事件

1926年3月20日，蔣介石以聽候他本人命令前來黃埔的中山艦「無故升火達旦」，以中共有不法行動為藉口，派陸軍佔領中山艦，逮捕艦長李之龍，並將各部隊共產黨及親共人士80餘人全部逮捕。這就是「中山艦事件」。事件發生後，令中共黨員退出國民革命軍第一軍，並且辭退了部分蘇聯顧問。以「中山艦事件」為開端，蔣介石開始逐漸限制和削弱中共，國共合作出現了分裂的趨勢。

整理黨務案

整理黨務案是指蔣介石在1926年5月國民黨二屆二中全會上的提案。提案規定共產黨員在國民黨中央黨部、省黨部、特別是黨部中擔任執行委員的人數，不得超過委員總數的1/3；共產黨不得擔任國民黨中央部長；加入國民黨的共產黨名單，必須全部交出；共產黨發給國民黨內共產黨的指示，須先經過兩黨聯席會議討論等。陳獨秀強迫中共代表接受了這個反動提案。蔣介石排擠共產黨的策略又一次成功，當上了國民黨中央執行

委員會主席、組織部長和軍人部部長等職，進一步取得了國民黨的領導權，為他以後發動反革命政變準備了條件。

北伐戰爭

隨著廣東革命根據地的鞏固，廣東國民政府下達了北伐動員令，國民革命軍在廣州誓師北伐，蔣介石任北伐軍總司令。以共產黨為骨幹的國民革命軍第四軍葉挺獨立團首先攻入湖南，拉開了北伐的序幕。葉挺獨立團頑強作戰，一舉攻取了戰略要地汀泗橋和賀勝橋，接著進軍武漢，消滅了吳佩孚的主力。不久國民革命軍在江西殲滅了孫傳芳的主力部隊。在北伐戰爭取得節節勝利之際，蔣介石和汪精衛發動反革命政變，大肆屠殺共產黨人，並遷都南京。1928年，南京國民政府在徐州誓師，繼續北伐。北伐軍逼近北京，張作霖逃回東北，途中被日本人炸死。不久，張學良東北易幟，全國統一。

鐵軍

1927年，北伐開始後葉挺率第四軍獨立團作為先鋒

首入湖南。軍閥吳佩孚派重兵把守鄂南門戶汀泗橋，在大部隊進攻受阻後，葉挺率獨立團翻越大山，從敵人背後發起攻擊，一舉攻下汀泗橋。隨後獨立團以少勝多，攻克武漢的南大門賀勝橋。葉挺被譽為「北伐名將」，後率的第四軍被稱為「鐵軍」。

「四一二」事變

1927年4月12日，孫中山先生的理想在他學生創造的血腥氣氛中徹底破滅了。北伐軍在上海工人階級的配合下順利開進了上海，但人們沒來得及慶祝勝利，悲劇就開始了。4月12日，蔣介石開始了反共政變，青洪幫流氓襲擊了工人糾察隊，並收繳槍支，工人奮起反抗。在3天的時間裡，有300多人被殺，500多人被捕，5000多人失蹤，共產黨員陳延年、趙世炎等被害。「四一二」事變是蔣介石走向反共獨裁的開始。

南京國民政府

「四一二」反革命政變之後，蔣介石在南京召開會議，決定以南京為首都建立國民政府。1927年4月18日，

南京國民政府舉行了成立典禮，胡漢民為政府主席，蔣介石為國民革命軍總司令。9月，寧漢合流以後，武漢政府和南京政府合併。1928年2月，國民黨二屆四中全會在南京召開，通過了改組國民政府等議案，規定國民政府受國民黨中央執行委員會指導監督，掌理全國事務。政府部門設有內政、外交、財政、交通、司法、農礦、工商等部以及軍事委員會、最高法院、監察院、大學院等。會議推舉蔣介石為軍事委員會主席兼國民革命軍總司令。10月，南京國民政府公佈《中華民國國民政府組織法》，規定國民政府總攬中華民國之治權，同時任命蔣介石為國民政府主席兼陸海空軍總司令。

清黨

1927年4月，在國共不斷的明爭暗鬥後，由於聯俄容共的問題，引起國民黨內部分裂。蔣介石以武漢政府受共產黨控制為由，在南京另組國民政府，4月12日，蔣中正在南京決定開始進行「清黨」。中共從此為不法組織，國民黨開始清除軍中及黨部中的中共份子，中共黨員被逮捕、處決。而原來以城市為主要基地的共產黨運動，從此開始轉向山上以游擊方式進行。此清黨舉動造成了之後的「寧漢分裂」。

寧漢分裂

寧、漢分別指南京和武漢。1927年國民政府北伐期間，因容共問題，引起國民黨內部分裂。蔣介石主張清黨，武漢政府下令開除蔣的黨籍，並計劃派兵征伐南京，史稱「寧漢分裂」。1927年4月17日，在南京的國民黨中央執行委員，胡漢民、蔣介石、等人及部分監察委員在南京宣布組國民政府，以胡漢民為主席，寧漢正式分裂。

寧漢合流

1927年「七一五」政變後，武漢國民黨政府遷往南京，與南京國民黨政府合在一起，史稱「寧漢合流」。1927年4月18日，蔣介石國民黨集團建立了與武漢國民政府相對立的南京國民政府。

7月15日，汪精衛集團在武漢叛變革命。17日，南京國民政府和軍事委員會進行改組，並發表寧漢合作宣言，宣佈國民黨「統一」完成。至此，寧漢合流正式實現。但是由於國民黨內部各派勢力利害衝突，不可能達到真正統一。形式上的「統一」也很快為新的分裂所代替。

中國工農紅軍

中國工農紅軍是中國土地革命戰爭時期，中國共產黨領導的人民軍隊。簡稱「紅軍」。1928年5月25日，全國各地工農革命軍正式定名為紅軍。1930年後，改稱中國工農紅軍。

在國共內戰時期，中國工農紅軍先後組成了第一方面軍、第四方面軍、第二方面軍和西北紅軍等紅軍部隊，建立了中央革命根據地，連續粉碎了國民黨軍多次「圍剿」和「清剿」。

1934年10月，進行長征。1935年9月、10月和1936年10月先後到達陝甘革命根據地和甘肅南部地區會師。抗日戰爭全面爆發後，主力紅軍改編為國民革命軍第八路軍（簡稱八路軍）；在江西、福建、浙江、廣東、湖南、湖北、河南、安徽8省13個地區堅持鬥爭的紅軍和游擊隊改編為國民革命軍陸軍新編第四軍（簡稱新四軍）。

土地革命

　　土地革命，指第二次國內革命戰爭時期，黨在革命根據地開展打土豪、分田地、廢除封建剝削和債務，滿足農民土地要求的革命。土地革命使廣大貧農政治上翻了身，經濟上分到土地，生活上得到保證。為了保衛勝利果實，他們積極參軍參戰，努力發展生產。湘鄂贛革命根據地，僅半年之內，參加紅軍的翻身農民達3萬多人。鄂豫皖革命根據地的黃安七里坪的一個招兵站，一天就招收800名農民入伍。

皇姑屯事件

　　皇姑屯事件是1928年6月4日，日本關東軍在瀋陽附近皇姑屯火車站製造的炸死奉系軍閥首領張作霖的事件。1928年5月，日本公使面見張作霖，發出最後通牒，聲稱如果張作霖不答應日本侵佔東北的條件，日本將採取斷然措施。但是，張作霖再一次拒絕了日本人的要求。這促使日本人決心除掉張作霖。6月4日，張作霖乘坐由天津回奉天的火車抵達奉天附近皇姑屯車站時被日本人炸死。

東北易幟

皇姑屯事件後，張作霖之子張學良迅速回到瀋陽，就任奉天軍務督辦。7月1日，通電宣佈與南京停止軍事行動，絕不妨礙統一。12月29日，張學良通電全國：「宣佈遵守三民主義，服從國民政府，改旗易幟」，懸掛南京國民政府的青天白日旗。31日，南京國民政府任命張學良為東北邊防總司令。至此，南京國民政府在形式上完成了統一。

百色起義

1929年12月11日，中央中共代表鄧小平和共產黨人張雲逸、雷經天、韋拔群等，領導在共產黨掌握和影響下的廣西警備第四大隊、教導隊和右江農民軍，在廣西右江百色縣舉行起義，佔領了右江區域內的百色、田東等十餘縣，建立了紅軍第七軍，張雲逸任軍長，鄧小平任前委書記兼政委。接著，紅七軍在平馬召開右江工農兵代表大會，成立了以雷經天為主席的右江蘇維埃政府。

「左聯」

　　「左聯」是土地革命戰爭時期，中國共產黨領導的革命文化團體。1930年3月2日魯迅、沈端先、馮乃超、田漢等50餘人在上海發起成立。提倡文藝大眾化，建立「馬克思主義文藝理論研究會」等組織，創辦《北斗》、《文學月報》等刊物，宣傳無產階級文藝思想。它的成立對團結革命作家和進步作家，在白色恐怖環境下高舉無產階級戰鬥旗幟，密切配合共產黨領導的革命鬥爭，粉碎國民黨的文化「圍剿」起了重要作用。1936年宣佈解散。

中原大戰

　　1930年5至11月，蔣介石與閻錫山、馮玉祥和桂系李宗仁之間的軍閥戰爭。因為戰爭主要在地處中原的河南省及其鄰近地區進行，所以又稱「中原大戰」。蔣閻馮大戰歷時7個月，雙方投入兵力逾百萬，戰線綿延數千里，是中國近現代歷史上一次規模最大的軍閥戰爭。蔣介石取得了戰爭的勝利，暫時統一了國民黨各軍事集團。此後，反蔣勢力仍然存在，但已失去了問鼎中原，

與蔣介石一決勝負的形式與實力。從1930年底開始，蔣便以重兵向中共領導的紅軍和根據地發動進攻。

紅軍第一、二、三次

「反圍剿」中原大戰結束後，蔣介石立即調兵「圍剿」南方的紅軍，並將江西中央蘇區作為進攻重點。1930年10月，蔣介石調兵10萬，對江西中央蘇區進行了第一次「圍剿」。毛澤東、朱德根據「敵強我弱」的形勢，採取了誘敵深入的作戰方針，全殲了深入的孤軍。接著紅軍又乘勝追擊，消滅了「圍剿軍」大半，敵軍退走。

1931年4月，蔣介石調兵40萬，對江西中央蘇區進行了第二次「圍剿」。國民黨攻入了蘇區中心。紅軍主力採用了運動戰，殲滅了國民黨公秉藩等部，隨後擊敗了國民黨軍隊，取得了第二次反「圍剿」的勝利。

1931年7月，蔣介石親率30萬軍隊發動了第三次「圍剿」。國民黨相繼佔領了蘇區中心地區。毛澤東、朱德率領紅軍迂迴作戰，5天內三戰三捷。由於始終無法與紅軍主力決戰，蔣介石只好下令撤兵。

「九一八」事變

1931年9月18日夜，日本駐東北的侵略軍在瀋陽北郊的柳條湖炸斷了南滿鐵路，誣蔑是中國軍隊所為。幾分鐘後，蓄謀已久的日本關東軍開始炮轟東北軍駐地北大營，隨後又佔領了瀋陽。

張學良執行蔣介石的不抵抗政策，東北軍撤到關內。接著，日軍在兩天之內佔領了南滿鐵路沿線的營口、安東、本溪、遼陽、鐵嶺等重要城市，很快東三省全部淪陷。

731部隊

731部隊是關東軍防疫給水本部的別名。該單位由石井四郎所領導，因此也稱之為「石井部隊」。731部隊也是在抗日戰爭（1937年～1945年）和第二次世界大戰期間，侵華日軍從事生物戰細菌戰研究和人體試驗相關研究的秘密軍事醫療部隊的代稱。

731部隊偽裝成一個水淨化部隊。731部隊把基地建在中國東北哈爾濱附近的平房區，這一區域當時是傀儡政權滿洲國的一部分。日本在佔領滿洲期間犯下的許多

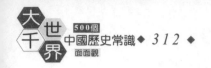

戰爭罪行之一，在這期間，1500萬中國人、朝鮮人、菲律賓人、印度尼西亞人、緬甸人的平民、太平洋島上居民和聯軍俘虜被殺害。

紅軍第四、五次「反圍剿」

1933年，蔣介石調集了50萬大軍，開始對中央蘇區的第四次「圍剿」。這時中共中央被王明等人把持著，推行『左傾』主義路線」。但朱德、周恩來率領江西紅軍抵制王明的錯誤路線，在吸取了前三次反「圍剿」勝利的經驗的同時，又根據當時的實際情況，誘敵深入，佔據有利地形，採取了聲東擊西、大兵團伏擊和集中優勢兵力圍殲敵人的戰術，在2月下旬和3月下旬，紅軍殲滅了李明、陳時驥和蕭乾三個師又一個營。

1933年10月，蔣介石以100萬人、200架飛機的空前規模發動了第五次「圍剿」。這次指揮紅軍的是對中國國情一無所知的共產國際軍事顧問德人李德，結果紅軍損失慘重，被迫長征。

▎▎萬里長征

　　1934年10月，中央紅軍主力離開中央革命根據地開始長征。同年11月和次年4月，在鄂豫皖革命根據地的紅二十五軍和川陝革命根據地的紅四方面軍分別離開原有根據地開始長征。1935年11月，在湘鄂西革命根據地的紅二、六軍團也離開根據地開始長征。1936年6月，第二、六軍團組成第二方面軍。同年10月，紅軍第一、二、四方面軍在甘肅會寧勝利會合，結束了長征。其中紅一方面軍長征歷時一年，轉戰十一個省，最遠行程約二萬五千里。

▎▎《八一宣言》

　　1935年8月1日，中國共產黨發表了《為抗日救國告全體同胞書》，即著名的《八一宣言》。宣言深刻揭露日本帝國主義侵略中國的罪行和蔣介石國民黨政府內戰政策所造成的危機，論述「九一八」以來愛國將士、民族英雄前赴後繼，英勇作戰，救亡圖存，在偉大精神和必勝信念之後，比較完整地闡述了中國共產黨的抗日民族統一戰線的策略戰線，同以前的統一戰線口

號、主張相比，《八一宣言》有許多特點。宣言提出
「有錢出錢、有槍出槍、有糧出糧、有力出力、有專
門技能出專門技能」的口號，把地主、資產階級、一
切軍隊都包括在統一戰線之中。《八一宣言》的發表，
標誌中國共產黨建立抗日民族統一戰線的策略戰線基本
形成。

「一二九」運動

1935年12月9日，在中共北平臨時工作委員會的領
導下，北平愛國學生6000餘人，高呼「停止內戰，一致
對外」、「打倒日本帝國主義」等口號，舉行了聲勢浩
大的抗日救國示威遊行。國民黨政府出動大批軍警鎮
壓，30多人被捕，數百人受傷。10日，北平各校學生宣
佈總罷課。

在「冀察政務委員會」計劃成立的12月16日，北平
學生和各界群眾1萬餘人又舉行示威遊行，迫使冀察政
務委員會延期成立。之後，天津學生又組成南下擴大宣
傳團，深入人民中間宣傳抗日救國。杭州、廣州、武
漢、天津、南京、上海等地相繼舉行遊行示威。北平學
生的愛國行動，得到了全國學生的響應和全國人民的支

持，形成了全國人民抗日民主運動的新高潮，推動了抗日民族統一戰線的建立。

西安事變

又稱雙十二事變，是當時任職西北「剿匪」副總司令、東北軍領袖張學良和當時任職國民革命軍第十七路總指揮、西北軍領袖楊虎城於1936年12月12日，在西安發動的直接軍事監禁事件，扣留了當時任職國民政府軍事委員會委員長和西北「剿匪」總司令的蔣介石，目的是「停止剿共，改組政府，出兵抗日」，西安事變最終以蔣介石被迫接受停止剿共一致抗日的主張，導致了西安事變的和平解決和第二次國共合作。

第二次國共合作

西安事變得到了和平解決，為國共第二次合作創造了前提條件。1937年2月9日至9月下旬，國共兩黨代表先後在西安、杭州、盧山和南京等地舉行了6次談判。經過7個多月的反覆商談，國民黨終於同意將中國工農紅軍改編為國民革命軍第八路軍，由朱德和彭德懷分別

擔任正副總指揮；並承認陝甘寧邊區政府。9月22日，國民黨中央通訊社公佈《中共中央為公佈國共合作宣言》；次日，蔣介石發表《對中國共產黨宣言的談話》，事實上宣佈承認了中國共產黨的合法地位。至此，第二次國共合作形成。第二次國共合作，促成了全國人民空前的大團結，促進了抗日民族統一戰線的形成，為抗日戰爭的勝利，創造了有利的條件。

「七七」事變

1937年7月7日，駐北平豐台的日軍借口士兵失蹤要求進入宛平城搜查，遭中國守軍拒絕，日軍隨即包圍宛平城。幾小時後，日軍開始進攻，雙方槍炮聲響起，這標誌著中國人民全面抗日戰爭的開始。

「八一三」事變

1937年8月9日，駐上海日本海軍陸戰隊中尉大山勇夫率士兵齋籐要藏，駕軍用汽車強行衝擊虹橋中國軍用機場，被機場衛兵擊斃。事件發生後，中國上海當局立即與日方交涉，要求以外交方式解決。但日軍無理要求

中國軍隊撤離上海、拆除軍事設施，同時，向上海增派軍隊。8月13日，日軍便以租界和停泊在黃浦江中的日艦為基地，對上海發動了大規模進攻。上海中國駐軍奮起抵抗，在上海和全國人民的支持下，開始了歷時3個月之久的淞滬抗戰。

八一三事變以後，根據國共兩黨協議，在西北的工農紅軍主力改編為國民革命軍第八路軍，朱德、彭德懷為正副總指揮。後來，又把南方八省的紅軍游擊隊改編為國民革命軍陸軍新編第四軍，葉挺、項英為正副軍長。九月，國民黨公佈了中共中央提交的國共合作宣言。

南京大屠殺

南京大屠殺指1937至1945年中國抗日戰爭期間，國民黨軍隊在南京保衛戰中失利、首都南京於1937年12月13日淪陷後，日軍在南京及附近地區進行長達數月的搶掠、強姦、對大量平民及戰俘進行大屠殺。屠殺死傷人數超過30萬。

皖南事變

　　皖南事變是抗日戰爭時期國民黨第三戰區部隊背信棄義蓄謀襲擊新四軍的事件。1941年1月4日，駐在皖南涇縣雲嶺的新四軍軍部及其所屬的一支部隊，共約9000餘人，奉命北上到日寇後方開展游擊戰爭，到達茂林一帶時，突遭國民黨軍隊7個師、8萬餘人的包圍襲擊。因寡不敵眾，除突圍2000多人外，3000多名指戰員壯烈犧牲，其餘被俘。蔣介石隨即宣佈取消新四軍番號，並下令向新四軍其他部隊進攻。這個嚴重事件，震驚中外，史稱「皖南事變」。

延安整風運動

　　遵義會議後，中國共產黨在毛澤東的領導下，糾正了「左」、「右」傾機會主義的錯誤。抗戰爆發後，共產黨內又增加了大批農民和小資產階級出身的新黨員。因此，共產黨內存在著思想不純、作風不純的現象。針對這種情況，共產黨中央決定在全黨範圍內開展一次大規模的整風運動。1942年春，整風運動開始。這次整風運動的內容是：反對主觀主義以整頓學風，反對宗派主

義以整頓黨風，反對黨八股以整頓文風。貫徹的方針是：「懲前毖後，治病救人」，用「團結——批評——團結」的方式，達到既要弄清思想，又要團結同志的目的。採用的方法是：在精讀馬克思列寧主義基本文件基礎上，反省自己的工作、思想，實事求是地進行批評與自我批評，具體分析產生錯誤的原因和克服錯誤的方法。這次整風運動，為奪取抗日戰爭的最後勝利和人民民主革命在全國的勝利提供了思想和組織保證。

日本投降

1945年8月15日正午，日本天皇向全國發表講話，宣佈接受波茨坦公告，日本無條件投降。9月2日上午9時，在東京灣的美國「密蘇里」號艦上舉行受降儀式。日本外相重光葵代表日本天皇和政府、陸軍參謀長梅津美治郎代表帝國大本營在投降書上簽字，盟軍最高統帥麥克阿瑟上將、美國代表尼米茲海軍上將、中國代表徐永昌將軍等依次簽字。9月9日，中國戰區受降儀式在南京國民政府中央軍校大禮堂舉行。中國代表何應欽上將、日本代表岡村寧次大將分別在日本投降書上簽字。

重慶談判與《雙十協定》

　　抗戰勝利後，社會各界呼籲國共雙方進行政治談判，組成聯合政府，避免內戰。蔣介石在1945年8月連續三次電邀中共領袖毛澤東到重慶談判。8月28日，毛澤東在周恩來、王若飛等人的陪同下赴重慶。經過艱苦的談判，國共雙方於10月10日簽訂了《政府與中共代表會談紀要》即《雙十協定》。國民政府表面承認同意「堅決避免內戰，建立獨立、自由和富強的新中國」和召開政治協商會議。但雙方在人民軍隊和解放區政權兩個根本問題上未能達成協議。1946年1月10日，雙方正式簽署《關於停戰國內軍事衝突的命令和聲明》。

動員戡亂時期

　　國民政府於1947年頒布了《中華民國憲法》，但在抗日戰爭剛結束的同時，中國共產黨軍隊的勢力逐漸擴大。於是蔣介石在7月4日向南京國民政府第六次「國務會議」提交了「厲行全國總動員，以戡共匪叛亂」的動員令，並於次日公佈，從此全國進入了「動員戡亂時期」。

《動員戡亂時期臨時條款》

　　《動員戡亂時期臨時條款》是《中華民國憲法》的附屬條款。該條款是由國民大會所制定，並且在動員戡亂時期優於《憲法》而適用。該《條款》於1948年5月10日公布實施，直到1991年經國民大會決議及總統公告才於同年5月1日廢止，共施行43年之久。

延安保衛戰

　　1947年3月，國民黨集中23萬兵力由南、西、北向陝甘寧解放區發動進攻，意圖消滅共產黨黨中央和軍隊。3月13日，國民黨軍南線部隊開始從宜川、洛川分兩路向延安發動天上地下的進攻。為掩護中共中央機關和群眾撤離，西北野戰軍決定以一個旅另一個團的兵力駐於延安以南地區，以運動防禦阻擊敵人。16日，根據中共中央軍委的決定，西北野戰軍兵團和地方部隊統歸軍委副主席兼參謀長彭德懷、中共西北局書記習仲勳指揮。西北野戰軍為「保衛黨中央，保衛毛主席」，進行了頑強的抗擊，遲滯了敵人的進攻。

遼瀋戰役

　　1948年3月中旬以後，中國人民解放軍和國民黨軍隊的力量對比已經出現了逆轉，國民黨軍隊已處於守勢，而中國人民解放軍從北、西、南三個方向包圍了瀋陽。到9月份，解放軍東北野戰軍在遼寧西部、瀋陽和長春地區與國民黨軍隊展開了全面的戰略性決戰。

　　在整個東北戰場，國民黨軍總兵力約55萬人，而中國人民解放軍的軍隊人數已達103萬人，從1947年12月到1948年3月，中國人民解放軍已攻佔了19座城鎮，到9月份東北地區86%以上的人口和97%以上的土地已獲得解放。國民黨方面決定放棄吉林，而東北「剿總」總司令衛立煌則憂心忡忡，對整個戰局已失去控制，只能把國民黨軍隊的主力集中在瀋陽、長春和錦州三個地區，企圖採取集中兵力，重點守備，然後再尋找機會打通北寧線。

　　中共中央和中央軍委統觀全局，認為與國民黨軍隊進行總決戰的時機已經到來，解放全國的條件已經成熟，中央決定把戰略決戰的地點放在東北戰場，並制定了首先攻克錦州，將國民黨軍隊圍困在東北地區，並各個殲滅的作戰方針。東北野戰軍在林彪和羅榮桓的領導

下，集中了53個師，70多萬人，於1948年9月12日發起
了向國民黨軍隊全面進攻的戰役，這就是著名的「遼瀋
戰役」。

淮海戰役

又稱「徐蚌會戰」。國民黨徐州「圍剿」總司令劉
峙集團和杜聿明集團，集結在以徐州為中心的隴海鐵路
鄭州至連雲港段，津浦鐵路薛城至蚌埠段，擔負著拱衛
首都南京的重任。

1948年11月6日，淮海戰役開始。華東野戰軍將國
民黨的黃伯韜兵團包圍在運河以西以碾莊為中心的18平
方公里的區域內，全殲敵軍，黃伯韜自盡。12月1日，
國民黨軍棄徐州向西南逃竄；4日，華東野戰軍將徐州
逃敵包圍；6日，國民黨軍孫元良兵團突圍時被殲，孫
元良隻身潛逃。同日，中原野戰軍和華東野戰軍對黃維
兵團發起總攻。經過激戰，全殲敵軍，生俘黃維。1949
年1月6日至10日，華東野戰軍對被包圍的杜聿明集團發
起總攻，殲滅敵軍30萬人，俘獲杜聿明，淮海戰役結束。

▎平津戰役

　　1948年11月29日，中國人民解放軍東北野戰軍和華東野戰軍，根據中共中央的命令發動了平津戰役。華北「圍剿」司令傅作義因與蔣介石有矛盾而遲遲不願南撤。戰役開始後，解放軍將國民黨在華北的60餘萬部隊分割包圍，12月22日首先圍殲了新保安國民黨35軍軍部和兩個師，24日攻佔張家口，全殲敵軍5萬，傅的西逃之路被切斷。

　　1949年1月15日，攻克天津，全殲守軍13萬餘人，經過艱苦談判，傅作義接受和平改編，宣佈起義。1月31日，解放軍進入北平，北平宣佈解放。

▎渡江戰役

　　三大戰役後，1949年4月20日國民黨政府拒絕在《國內和平協定》上簽字。中國人民解放軍第二、三野戰軍執行毛澤東和朱德《向全國進軍的命令》，在長江南北廣大人民的支援下，於1949年4月21日凌晨，強行渡江，徹底摧毀了敵人苦心經營3個半月的長江防線。4月23日，解放南京，宣告國民黨反動統治的覆滅。5月3日解

放杭州，22日解放南昌，27日解放上海。6月16日解放
漢口，17日解放武昌、漢陽。整個戰役共殲敵46個師43
萬餘人，解放了江蘇、浙江、江西、安徽、湖北等省的
廣大地區和福建的部分地區，為進軍華南、西南創造了
有利條件，加速了全國解放。

中華人民共和國成立

　　1949年10月1日，中華人民共和國中央人民政府在
北京舉行第一次會議，選舉林伯渠為中央人民政府委員
會秘書長；周恩來為中央人民政府政務院總理兼外交部
長，毛澤東為中央人民政府主席和人民革命軍事委員會
主席，朱德為中國人民解放軍總司令，沈鈞儒為中央人
民政府最高人民法院院長，羅榮桓為中央人民政府最高
人民檢察署檢察長。會議接受《中國人民政治協商會議
共同綱領》為中央人民政府的施政方針。

　　下午3時，30萬軍民在天安門廣場舉行集會，隆重
舉行開國大典。毛澤東親自升起了第一面五星紅旗，宣
讀了《中華人民共和國中央人民政府公告》，莊嚴宣告
中華人民共和國中央人民政府成立。接著，舉行盛大的
閱兵式，朱德總司令檢閱了陸海空三軍，並宣讀了《中
國人民解放軍總部命令》，中華人民共和國正式成立。

中華民國在台灣

　　1949年國民政府因國共內戰戰敗而播遷台灣。中華民國政府戰敗而撤退至台灣之後，時任總統蔣介石凍結憲法，並公佈實施《動員戡亂時期臨時條款》與1949年5月20日施行《戒嚴令》，展開長期的戒嚴與白色恐怖時期。之後國民黨政府在台灣一方面利用美援，推行經濟上的變革，穩定農業，扶植工業及中小企業；一方面透過《戒嚴令》和《動員戡亂時期臨時條款》等法令，配合黨、政府、軍隊、特務的結合掌控，持續政治與社會上的強勢控制，鞏固一黨專政體制。

謝謝您購買　大千世界：500個中國歷史面面觀　　與我們一起分享讀完本書後的心得。務必留下您的基本資料及電子信箱，使用我們準備的免郵回函寄回，我們每月將抽出一百名回函讀者，寄出精美禮物以及享有生日當月購書優惠！想知道更多更即時的消息，歡迎加入 "永續圖書粉絲團"

您也可以使用以下傳真電話或是掃描圖檔寄回本公司電子信箱，謝謝！

傳真電話：（02）8647-3660　電子信箱：yungjiuh@ms45.hinet.net

●請針對下列各項目為本書打分數，由高至低5～1分。

　　　　　　5 4 3 2 1　　　　　　　　　　5 4 3 2 1
1.內容題材　□□□□□　　2.編排設計　□□□□□
3.封面設計　□□□□□　　4.文字品質　□□□□□
5.圖片品質　□□□□□　　6.裝訂印刷　□□□□□

●您購買此書的地點及店名_____

●您為何會購買本書？

□被文案吸引　□喜歡封面設計　　□親友推薦　　□喜歡作者
□網站介紹　　□其他_____

●您認為什麼因素會影響您購買書籍的慾望？

□價格，並且合理定價是　　　　　　　□內容文字有足夠吸引力
□作者的知名度　　□是否為暢銷書籍　□封面設計、插、漫畫

●請寫下您對編輯部的期望及建議：

★請沿此線剪下傳真、掃描或寄回，謝謝您寶貴的建議！

廣　告　回　信
基隆郵局登記證
基隆廣字第200132號

2 2 1 0 3
新北市汐止區大同路三段 194 號 9 樓之 1

傳真電話：（02）8647-3660
E-mail：yungjiuh@ms45.hinet.net

培育
文化事業有限公司

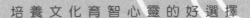